어 떻 게 인정 받을 것인가

일의 기본을 말하다

어떻게 인정받을 것인가
_일의 기본을 말하다

펴낸날 2017년 5월 10일 1판 1쇄

지은이 스마트아카데미(주) 연구진

펴낸이 김영선
교정·교열 이교숙
디자인 윤영옥

펴낸곳 (주)다빈치하우스-미디어숲
주소 경기도 고양시 일산서구 고양대로632번길 60, 405호
전화 02-323-7234
팩스 02-323-0253
홈페이지 www.mfbook.co.kr
출판등록번호 제 2-2767호

값 15,800원
ISBN 979-11-5874-021-4

이 도서의 국립중앙도서관 출판예정도서목록(CIP)은 서지정보유통지원시스템 홈페이지(http://seoji.nl.go.kr)와
국가자료공동목록시스템(http://www.nl.go.kr/kolisnet)에서 이용하실 수 있습니다.
(CIP제어번호 : CIP2017007786)

어떻게 인정받을 것인가

일의 기본을 말하다

스마트아카데미(주) 연구진 지음

미디어숲

　나른한 오후. 라디오를 켜니 버스커버스커의 벚꽃엔딩이 흘러나온다. '♪봄바람 휘날리며 흩날리는 벚꽃 잎이 울려 퍼질 이 거리를 둘이 걸어요~♪' 드디어 봄이다. 봄이 되면 떠오르는 단어들이 있다. 따사로운 햇살, 개나리, 신입생, 새학기, 봄소풍, 미팅, 축제, 춘천 가는 기차… 등 누구나 자신만의 봄을 가지고 있을 것이다. 나만의 봄을 떠올리면 저절로 입가에 미소가 지어지면서 아름다웠던 추억 속으로 빠져든다. 내 인생의 봄은 언제였나? 가장 찬란했던 순간을 생각해보니 문득 두 가지의 장면이 떠올랐다. 하나는 ARS 자동응답기를 통해 대학 입시 합격을 확인했을 때였고, 다른 하나는 바로 최종 면접 후 회사 합격통보를 받았을 때였다. 꽤 오래전 일이지만 정말 그 순간 하늘을 날듯이 기뻤다. 그 중에서도 딱 하나만 꼽으라면 난 주저 없이 취업의 순간을 꼽을 것이다. 첫 출근을 하고 한 달 후 급여명세서를 받았을 때 내 스스로가 너무 대견하게 느껴졌었다. 사회구성원으로서 당당하게 내 몫을 하기 시작했다는 생각이 들었다.

그러나 취업의 기쁨은 그리 오래 가지 않았다. 직장생활은 하루하루를 버텨내기가 힘든, 말 그대로 힘듦의 연속이었다. 우선 상사와 선배들과의 인간관계부터 어려웠다. 대학 때는 같은 과의, 같은 또래의 친구들이 함께 공부를 하면서 —물론 선배들이 있어도 그리 나이 차이가 많이 나지 않는 같은 세대라고 할 수 있었고— 좀 마음에 들지 않는 친구들이 있더라도 별로 마주치지 않으면 됐지만 직장의 부서 내에서는 세대가 다른, 많게는 스무 살 이상 차이가 나는 상사에서부터 서너 살 많은 선배까지 너무도 다양한 직급의 사람들과 생활해야 했다. 잘 맞지 않는 사람들과 함께 일할 수밖에 없었으며, 그들과 대화를 하지 않는다는 것은 더더군다나 말이 안 되었다. 아무리 함께 회식을 하고 워크숍을 하고 야유회를 가도 잘 좁혀지지 않는 인간관계의 간극이란 것이 존재했다. 나를 바꿔야 했고 많은 부분을 상사들에게 맞춰야 했다. 하지만 나를 어떻게 바꿔야 할지도 몰랐고, 시간이 갈수록 나란 존재가 가지고 있는 고유함과 개성은 점점 사라지는 듯했다. 정신은 다른 곳에 있고 몸만 회사에 있으면서 그냥 영혼 없이 일하는 기계가 되는 것만 같았다.

신입사원으로서 해야 되는 일들은 너무 많아 '이런 일을 하자고 그동안 열심히 공부했나?'라는 생각부터 '이런 일들을 하면서 평생을 보낼 수 있을까?'라는 생각이 들었다. 내가 왜 이 일을 하는지 일의 의미를 찾기가 어려웠다. 분명 나는 누구보다 취업하기를 원했는데 몇 개월이 지나지 않아 이 일에서부터 벗어나고 싶었다. 회사사람들로부터 벗어나고 싶었고, 부서에서 벗어나고 싶었으며, 회사 자체에서 도망치고 싶었다.

2016년 한국경영자총협회가 조사한 자료에 따르면, 대졸 신입사원의 1년 내 퇴사율이 27.7%나 된다고 한다. 대략 4명 중 1명은 입사 1년 내 퇴사를 한다는 것이다. 좀 아이러니하지 않은가? 취업을 준비하는 모든 이들이 취업만 되면 내 인생에 더 이상 바랄 것이 없다고 생각하면서도, 너무도 간절하게 취업을 원하면서도 막상 취업을 하면 그 이상으로 간절하게 그만두고 싶어 한다는 사실이….

이 책은 신입사원과 직장과의 그 아이러니한 관계를 어떻게 하면 잘 조율할 수 있을 것인지에서부터 내게 주어진 일에 대한 의미, 일을 통한 자아실현, 일에 대한 영향력 확대 등 초급사원으로서 겪는 어려움들을 슬기롭게 이겨낼 수 있는 방법들을 설명하고 있다.

필자는 이 책을 통해 내 인생의 찬란한 봄과 같이 강렬했던 취업의 기쁨이 결코 슬픔으로 바뀌지 않게, 직장인으로서 보내는 삶이 매일같이 봄일 수는 없어도 종종 내게 다가오는 봄일 수 있기를, 그 봄의 기운으로 활짝 아름답게 빛나는 꽃으로 피어날 수 있기를 기대한다.

스마트 아카데미(주) 연구진

제1장
당신은 왜 일하는가 019

제 3 장
직장에서의 인간관계와 커뮤니케이션 089

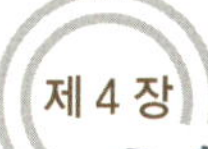

제 4 장
효율적으로 업무를 추진하는 방법 125

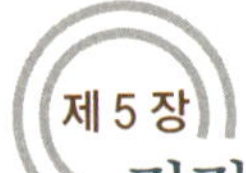

제 5 장
직장생활의 성공, 자기계발을 하라 163

제 6 장
직장생활 이럴 때는 어떻게 해야 하나 197

01

당신은
왜 일하는가

어 떻 게

인정

받을 것인가

내가 '일'하는 이유

　누군가 "당신은 수많은 회사 중에서 왜 지금 근무하는 회사를 선택했습니까?"라든가 "당신은 왜 일하십니까?"라고 묻는다면, 뭐라고 답할 것인가. 아마도 쉽게 답변하기는 어려울 수 있다. 이런 질문 자체가 누군가 정해 놓은 뻔한 답을 원한다고 생각하거나, 생각해봐야 답도 없는 이야기인데 새삼스럽게 생각해볼 필요도 없는 문제라고 생각될 수도 있기 때문이다.

　이제 막 입사한 신입사원에게 "당신은 왜 일하는가?" 하고 물으면, 이렇게 대답하는 사람도 있을 것이다. "자아실현을 위해…" 아니면 "사회에 공헌하기 위해…" 멋진 대답이다. 그런데 이렇게 대답하는 신입사원들을 보면 장난기가 발동하곤 한다. "대단하시네요, 그러면 이번 달부터는 급여를 한 푼도 받지 않아도 자아실현을 위해, 혹은 사회에 공헌하기 위해 열심히 일해주실 수 있으시죠?"라고 말하면, 대부분 난처한 표정으로 "근데 뭐 사실 돈도 많이 벌고 싶죠!"라고 한다.

　결국, 이렇게 솔직하게 털어놓는 돈에 대한 부분, 어쩌면 이것이 우리가 일하는 가장 중요한 이유가 아닐까 싶다. 말하자면 기본적으로 임금을 받기 위해서, 돈을 벌기 위해서 우리는 일하는 것이다. 좀 더 단적으로 말하면, '먹고살기 위해서'이다. 이는 인정하지 않을 수 없는 명백한 사실이다. 일을 한 대가로 그에 상응하는 보수를 요구하는 것은 결코 잘못된 것이 아니다. 일한 사람이 가지는 당연한 권리이다. 돈을 벌기 위해 일하는 것은 부끄러운 것이 아니다.

　그런데 우리는 돈을 벌어야 하는 것, 그다음도 생각해볼 필요가 있다. 즉, 우리는 돈을 벌기 위해서만 일하는가 하는 것이다. 우리는 돈을 벌기 위해 일하는 것은 사실이지만, 그 외에 부가적으로 돈을 벌면서 또한 '일'을 통해 성장하고자 하는 욕구도 있다. 차분히 조금만 생각해보면 내가 지금 하는 일과 지금 근무하는 회사를 선택한 것은 나 자신의 성장과 미래를 고려했기 때문이라는 것을 알 수 있다.

　세상에는 내가 지금 하는 일과는 다른 방법으로 돈을 벌 수 있는 일자리가 얼마든지 있다. 예를 들면 중국에서 발견되었다는 가짜 달걀을 만들어 팔 수도 있고, 보이스피싱 같은 남을 속여 돈을 버는 일들도 있다. 또 세상에는 편해 보이면서도 수입도 많아 보이는 올바르지 않은 일들도 많다. 하지만 그런 일이 아니라 지금 하는 일을 선택한 것은 일하는 목적이 돈에만 있는 것이 아니라, 일을 통해 얻는 '그 무엇' 즉, 일을 통해서 성장하고 내 미래가 잘 되었으면 하는 마음의 기반에서, 내 안에서 최선을 스스로 결정한 것이다. 원래 인간이란 어떤 의미를 만들어가며 끊임없이 성장하기를 추구하는 존재이다. 예를 들어 보면, 스포츠나 음악을 재미 삼아 시작했다고 한다면, 아마도 일단 시작하게 되면 어떻게 하든 조금이라도 더 잘하고 싶은 마음이 드는 것이 사실이다.

그렇다면 일을 통해서 성장한다는 것은 구체적으로 어떤 것일까? 성장한다는 것은 두 가지 측면이 있다. 하나는 일에 대한 능력의 향상이고, 다른 하나는 인간적인 성장이다. 사람은 누구나 일을 함으로써 일의 능력이 조금씩 성장한다. 물론 그 성장의 정도는 일에 임하는 태도에 따라 차이가 있다. 진실하게 원하고 노력하는 사람은 보다 많은 성장을 할 것이며, 노력하지 않는 사람은 성장이 더딜 수밖에 없다. 열심히 일하는 사람이라면 시간의 경력만큼 성장하기 마련이다. 그 경력을 통해 전에 비해 일의 질이나 양 어느 쪽이든 능력이 향상되기 마련이다. 이것이 바로 '일에 대한 능력의 향상'이다.

인간으로서의 성장이란 일을 통해서 인간적으로도 성장해가는 것을 말한다. 일을 하다 보면 어떨 때는 자신이 하는 일이 별거 아닌 것처럼 느껴지기도 하고, 어느 날은 내가 이러려고 이 일을 선택했나 하는 자괴감이 들 때도 있다. 진상 고객을 만날 수도 있고, 괴롭히는 상사를 만날 수도 있다. 하지만 우리는 알고 있다. 어떠한 일을 겪고 시간이 지나면 그 일에 대한 숨어있는 진실을 알게 되기도 하고, 전보다는 쉽게 문제를 풀어가는 자신을 보면서, 그런 경험을 통해 인간으로서 정신적인 영역도 성장하고 있다는 것을 깨닫는다.

일을 하다 보면 꼭 안 좋은 일만 생기는 것은 아니다. 고객들이 고마워하기도 하고, 선배나 후배들에게 인정받는 순간도 있을 것이다. 내가 하는 일을 통해 누군가에게 도움을 주었다고 느꼈을 때, 일을 통해 인정받고 있다는 생각이 들 때는 더없이 큰 보람이 생긴다. 그런 보람과 인정 때문에 우리는 더 열심히 일을 지속하게 된다. 말하자면, 사람은 항상 누군가에게 도움이 되는 일을 하고 싶다는 욕구를 의식 깊이 지니고 있다. 일하는 목적에는 여러 가지가 있겠지만 대략 크게 분류하면 위에서 말한 세 가지 측면으로 압축시킬 수 있을 것이다.

첫 번째, 돈을 벌기 위해서 두 번째, 일을 통해 성장하기 위해서 세 번째, 누군가에게 도움을 주고 사회에서 인정받기 위해서!

목표를 설정해 두고 도전하는 일이 얼마나 중요한가

심리학을 연구하는 학자들이 이런 실험을 한 적이 있다. 고등학교 남학생을 50명씩 A, B 2개 조로 나누어 점프를 시켰는데, 처음에는 학생들을 체육관 벽을 향해 서게 하고 힘껏 점프하여 벽에 표시하도록 했다. 그 후 A조는 1주일 뒤에 체육관에서 다시 점프 테스트를 받았는데, 이번에는 지난번 실적보다 30% 높은 곳에 표를 하고 그 표시보다 더 높이 뛰어보라고 지시했다. 그 결과 약 반수인 26명이 30% 높인 목표를 돌파하였고, "자기 결과에 만족하느냐"는 질문에 26명 전원이 만족한다고 대답했다.

한편, B조도 A조와 마찬가지로 1주일 후에 다시 체육관에서 점프 테스트를 받았다. 한데 이들 학생들에게는 목표를 정해주지 않고 그저 "높이 뛰어보라"고만 지시했다. 그랬더니 지난번보다 30% 이상 높이 뛴 학생은 겨우 15명에 지나지 않았다. 게다가 "자기 결과에 만족하느냐"는 질문에 8명만이 만족한다고 대답했을 뿐 나머지 7명은 모처럼 좋은 성적을 올렸음에도 불구하고 전혀 만족하고 있지 않다는 결과가 나왔다.

이 실험은 목표를 설정해 거기에 도전하는 일이 얼마나 중요한가를 뚜렷이 보여주고 있다. 단순히 "노력해라, 노력해라"고 말만 할 것이 아니라 힘껏 노력하면 달성할 수 있는 목표를 주고 격려하는 편이 훨씬 큰 의욕을 불러일으키고 또 그만큼 목표달성 가능성도 커지게 된다는 것을 알 수 있다. 더욱이 그 목표가 상사에게서 지시받은 것이 아니라 자기 자신이 설정한 것일 경우에는 더 강한 의욕을 불러일으킨다.

주위에서 일을 잘하는 사람, 일을 효과적으로 잘 처리하는 하이퍼포머놓은 성과를 내는 핵심인재들은 자기 스스로 목표가 있으므로 일을 하는 데 보람을 느끼고, 또 능력이 향상되는 것을 확인할 수 있어 의욕이 솟아나 더 잘하는 경우를 종종 볼 수 있다. 목표는 장기적인 목표와 계획뿐만 아니라 매일 매일의 일에도 작은 목표와 계획을 세우고 거기에 도전하는 자세가 중요하다.

나는 나의 인생목표를 가지고 있는가 생각해볼 필요가 있다. 인생목표는 보통 장기와 단기 두 가지로 나눌 수 있다. 장기목표란 10~20년 후의 장래에 대한 계획으로, 막연할 수밖에 없기도 하면서 인생의 목표이기 때문에 좀처럼 변하지 않는 목표이기도 하다. 그에 비해 단기목표는 1년 단위의 계획으로, 명확한 내용을 가지고는 있지만 매년 조금씩 변하는 것이 그 특징이다. 가령, 장래에 아담한 전원주택을 짓고 싶다는 것은 장기목표이며, 집을 짓기 위해 올해에 1천만 원을 저축하겠다는 것은 단기목표이다. 장기목표는 좀 막연하다. 집을 지으면 어디에 지을 것인지 또 아담하다는 전원주택은 몇 평을 말하는지 분명히 말할 수는 없지만, 전원주택을 짓겠다는 큰 목표는 좀처럼 변하지 않는다. 이에 반해 단기목표는 1천만 원이란 명확한 금액까지 나와 있지만, 그것은 올해의 입장에서 잡은 계획일 뿐 후년이면 다시 바뀔 수 있다. 올해 열심히 해서 1천만 원을 저축했다면 내년에는 1천5백만 원을 목표로 잡을 것이고, 만약 올해 5백만 원밖에 저축하지 못했다면 내년에는 8백만 원을 목표 선으로 정할 것이다. 이러한 장·단기 목표는 서로 긴밀히 연관될 뿐만 아니라, 앞서 말한 '일'을 하는 세 가지 목적 가운데 두 번째인 '일을 통해서 성장하기 위하여'와도 밀접하게 결부되어 있다. 즉, 일을 통해 성장한다는 것은 그만큼 자기 인생에 있어서의 장·단기 목표를 달성시킬 가능성을 더욱 높이는 것으로, 여기서 삶에 대한 보람, 일의 가치가 생겨나는 것이다.

  단기목표는 자기가 힘껏 뛰어올라 손에 닿을 수 있는 수준이 가장 의욕적으로 도전할 수 있는 이상적인 목표라고 할 수 있다. 쉽게 손에 넣을 수 있는 낮은 목표는 재미없어져 버리고, 또 너무 높은 목표는 자칫 초반에 무너져 포기할 수 있다. 좋은 목표는 일반적으로 시간을 보낼 때 도달할 수 있는 수치가 100이라면 목표는 120 정도로 잡으면 좋다. 그냥 하면 어렵지만 노력하면 손에 닿을 듯한 지점이다. 목표를 세울 때는 이러한 점들을 충분히 고려해 자신의 능력에 알맞게 조금씩

목표를 높여가도록 해야 한다.

인간은 목표가 없어도 충분히 살아갈 수 있다. 그러나 원하는 것이 있다면, 목표를 가지고 그것에 도전하면 좀 더 자신의 삶에 효과적이라 할 수 있다. 스포츠든 일이든 그 무엇을 하든 간에, 자신의 열정을 쏟아 불태웠을 때 최대의 결과와 즐거움을 얻게 되며, 혹 실패했다 하더라도 최선을 다한 그 시간에 대해 후회는 없을 것이다.

지금 안 좋은 상황에 놓여 있다면

중국에서 전해 내려오는 '새옹지마塞翁之馬' 이야기는 아마 다들 알 것이다. '새塞'란 국경을 뜻하며, '옹翁'은 노인을 의미한다. '새옹'이란 국경에 사는 노인이라는 뜻으로, 본명이 아닐지도 모른다. 어찌 됐든 새옹은 말 타기 기술에 능했다. 그런데 하루는 새옹의 말이 국경을 넘어 이웃 나라로 도망을 가버렸다. 그래서 좋은 말을 잃어버렸으니 동네 사람들이 그를 찾아가 위로했다. 그러나 새옹은 "아니야, 이번 일이 전화위복이 될지 누가 알겠나" 하면서 조금도 슬퍼하지 않았다. 그의 말대로 수개월 후에 새옹의 말이 혼자가 아니라 준마 한 마리를 데리고 집으로 돌아왔다. 소문을 들은 마을 사람들은 잘된 일이라며 새옹을 찾아가 축하했다. 그러자 옹은 "아니지, 이것이 화근이 될지 누가 알겠나"라고 말했다. 그의 말을 듣고 마을 사람들은 어리둥절할 수밖에 없었다.

새옹에게는 아들이 하나 있었다. 그 아들은 말이 없어져 슬퍼하다가 말이 한 마리 더 생기자 기뻐서 말을 타고 멀리까지 돌아다녔다. 그러다 그만 말에서 떨어져 다리가 부러지고 말았다. 사람들이 또 위로하러 갔더니 옹은 다시 "이것이 전화위복이 될지 알 수 없지" 하면서 조금도 슬퍼하지 않았다. 1년쯤 지났을 무렵 이웃 나라가 쳐들어와서 젊은 사람들은 모두 징집되어 전쟁터로 나가게 되었다. 그러나 새옹의 아들만은 다리가 불편하다는 이유로 징집에서 제외되어 아버지와 아들 모두 무사하게 살아남을 수 있었다.

이 이야기는, 화가 복이 되고 복이 화가 되는, 미래는 누구도 쉽게 알 수 없다는 말로 끝을 맺고 있다. 이 이야기에서 '인생사 새옹지마'라는 말이 생기게 된 것이며, 사람의 앞날은 무엇이 좋은 것이고 무엇이 나쁜 것인지, 어떤 일을 통해 앞으로 어찌 될지는 알 수 없다는 것이다. 확실히 화와 복은 동전의 앞·뒷면 같은 것이어서 한때 좋다고 생각한 일이 불행의 원인이 되기도 하고, 또 안 좋다고 생각했던 일이 좋은 일의 시작이 되기도 한다. 세상은 무엇이 좋고 무엇이 안 좋은 일인지 예측하기가 쉽지 않다. 자기 자신이 지금 안 좋은 상황에 있다고 여겨진다면, 이 일과 상황을 토대로 미래를 바꾸어 나가려는 진지한 노력이 필요하다. 이러한 노력이야말로 전화위복을 이루는 가장 확실한 지름길인 것이다.

우리 주위에는 한때 공부를 게을리해 낙제했지만, 그것을 계기로 더 열심히 노력하여 아주 우수한 성적으로 졸업했다든가, 첫 입사 시에는 크고 작은 여러 가지 실수를 저질러 큰 고초를 당하기도 했지만 그것이 재산이 되어 하이퍼포머로 성장한 이야기들을 자주 들을 수 있다.

이처럼 인생에는 무엇보다 도전하려는 투지와 노력이 필요하다. 그러한 투지와 노력이 불행을 행복으로 바꾸는 것이다. 인생에는 안 좋은 일만 있는 것은 아니다. 즐겁고 행복한 순간들도 많다. 다만 항상 기억해야 할 것은 행복에 도취된다든가, 의기양양해져서 현재 자기가 서 있는 위치를 망각하는 일이 없어야 한다는 것이다.

'새옹지마'와 비슷한 이야기로 '초부'의 설화가 있다. 초부란 산에 들어가 땔나무를 베어다가 팔아 생계를 이어가는 사람을 말한다. 한 초부가 매일 아침 일찍 집을 나와 들을 지나고 강을 건너 깊은 산에 들어가 땔나무를 해서 등에 지고 집으로 돌아오곤 했다. 그의 유일한 즐거움은 구슬땀을 흘리며 나무를 해 짊어지고 산을 내려올 때 산모퉁이에서 솟아나오는 맑은 물로 목을 축이는 일이었다. 그는 세상에서 이렇게 맛있는 물은 없으리라고 믿고 있었다.

그런데 그만 초부가 병이 들어 병상에 눕게 되었다. 얼마 남지 않은 생명을 눈앞에 두고 초부는 '한 번만 더 그 물을 마셔 보았으면…' 하고 소원했다. 효성이 지극한 아들은 물지게를 지고 산으로 들어갔다. 부친이 살아계실 동안 한 모금이라도 마시게 해드리고 싶었다. 아들이 그 물을 떠다드리자 초부는 기뻐하면서 물을 받아 마셨다. 그런데 초부는 물을 마시고 나서 잔뜩 찌푸린 얼굴로 화를 내며 말했다. "이 물은 그 맑은 샘물이 아니야. 네가 그 산까지 가기 싫어서 어디 가까운 우물에서 물을 길어온 게로군." 아들이 아무리 진짜 그 샘물이라고 말해도 초부는 믿지 않았다.

이 '초부' 이야기도 고통과 행복의 관계를 비유해주고 있다. 초부가 땀을 흘리면서 나무를 해 짊어지고 오는 도중에 마신 물이기에 그렇게 다디달았던 것이다. 세상의 기쁨과 행복은 그것을 얻기 위해 바친 수고와 노력이 클수록 더욱 커지는 것이다. 그러므로 고통과 슬픔이 닥쳐왔을 때 도피하려고만 해서는 안 된다. 한 번 도망치면 자신감을 잃게 되어 계속 도망치게 되고, 고난을 극복한 뒤에 맛볼 수 있는 그 큰 즐거움과 자기에 대한 신뢰를 영원히 느낄 수 없게 된다.

행복과 불행은 절대적인 것이 아니라 항상 상대적인 것이다. 고통을 참고 극복하면 그 극복한 만큼의 행복이 찾아오는 것이고, 행복에 도취되어 마음가짐을 흐트러뜨리면 그로 인해 어려움에 직면할 가능성이 높다. 기억해야 할 것은 만약 현재 잘 되고 있다면, 초심을 잊지 말아야 할 것이며, 어려움에 처해 있다면 미래에 좋아질 모습을 긍정적으로 바라보며 그렇게 만들기 위해 노력하는 것이 중요할 것이다. 끝날 때까지 끝난 것이 아니다.

조직이란 목적이 있어 그 목적을 달성하기 위해 모인 사람들의 집단이다. 서로 뜻이 통하는 사람들이 모여 모임활동을 하거나 여행을 가거나 스포츠를 하는 것은 동호회와 같은 자연집단일 뿐 보통 조직이라고 부르지 않는다. 목적을 갖고 달성해야 할 목표를 설정하고, 그 목표를 달성하기 위해 리더를 뽑고, 리더의 지휘 아래 각자 가지고 있는 힘을 발휘하는 것에서부터 조직활동이 시작되는 것이다.

아무리 큰 회사라도 시작은 일부 소수 인원으로 시작된다. 일이 많아지면서 인원이 늘어나고, 중요사항은 경영자가 담당하게 되며 그 외 업무는 중역이나 간부가 맡게 된다. 중역이나 간부에서 부장으로, 부장에서 과장으로, 과장에서 대리로, 그리고 사원 개인에게 일이 분화分化 되고 맡겨져 지금과 같은 조직이 되고 우리에게 업무가 주어지는 것이다.

회사는 많은 사람이 일을 분담하고 있으며, 세부 조직이 구성되어 있다. 조직의 일원이 되면 우선 잡무부터 시작하게 된다. 그다음에 조금 어려운 일이 맡겨지고 점점 책임이 무거운 일을 맡는다. 아무리 잡무라고 하더라도 누군가는 해야만 하는 일이다. 그리고 잡무를 포함한 업무를 서로 분담하여 조직이 성립되고 조직의 활동으로 회사 전체가 운영되는 것이다.

조직활동에 있어서 중요한 동맥은 업무의 연결이다. 각 부분이 책임을 완수하고 서로 협력하면 회사 전체는 조직으로서의 힘을 발휘하고 목적 달성을 향하여 활력 있게 움직이게 된다. 자신이 담당하는 업무가 회사라는 전체의 움직임에 어떻게 연결되어 있는가를 정확히 아는 것이 입사 초기에는 어렵지만, 어떤 일이든 주어진 일을 성실히 완수하는 것이 회사의 성장에 크게 공헌하는 것임을 알아야 한다.

 **우수한 비즈니스맨의 공통점**

- 자신의 회사와 조직에 관해서 깊이 생각한다.
- 조직 속에서의 자신의 역할과 입장을 이해하고 있다.
- 사내에 좋은 상담 상대와 인맥을 맺고 있다.
- 일의 성과를 독점하지 않고 협력해준 사람들과 서로 공유한다는 겸허한 자세를 갖고 있다. 좋은 인간관계를 만들고 잘 유지한다는 것은 사회생활에 큰 힘이 된다.

기업의 사회적 책임을 생각한다

우리가 일하는 주목적은 삶을 영위하고 행복하게 살기 위해서라고 할 수 있다. 그러기 위해서는 의식주에 부족함이 없고, 정신적으로도 만족되어야 한다. 이를 충족시키려면 물건을 만들어내고 서비스를 제공해주는 회사, 사업이 필요하다. 기업에서 볼 때 고객이 없으면 기업이 구성될 수 없다. 고객이란 사람이고 사회이다. 따라서 사람이나 사회에서 요구하는 기업이 아니면 존재할 수 없으므로 이것이 기업의 사회에 대한 책임인 것이다.

기업의 사회적 책임이란, 구체적으로 세 가지로 나눌 수 있다. '사회성·공공성·공익성'의 3요소이다. 사회성이란 우리가 하는 생산활동이 사회에 도움이 되어야 하는 것이다. 공공성은 공公의 질서를 지키는 것, 즉 사회에 폐를 끼치지 않는 것이다. 그리고 공익성은 이익을 널리 사회에 환원하는 것을 말한다. 자기만 윤택하게 생활하면 다른 사람은 어떻게 되든 상관없다는 식의 태도나 행동을 지닌 사람들이 있다. 이런 삶은 정신적으로 황폐한 생활이다. 다른 사람들로부터 원망받으면서도 오래도록 행복할 리는 없기 때문이다.

기업도 마찬가지이다. 사회와 공존공영하지 않으면 사회 속에서 오래 살아갈 수 없다. 인간이 혼자서는 살 수 없듯이 한 사람 한 사람이 힘을 합쳐 공통의 목적을 달성하기 위해 조직을 만들어 역할을 분담하고 주어진 입장에서 자기의 능력을 발휘해가야 한다. 사업활동에서 얻어진 수익은 직원들에게 분배되어 직원과 그 가족이 생활을 유지할 수 있어야 하고, 또 기업은 자금을 조달하고 토지나 건물, 기계설비 등을 운용하여 사업활동을 계속하여 이익이 오르면 배당금이라는 형태로 환원해야 하는 것이다. 이처럼 기업활동을 함으로써 사회에 봉사하고, 경영자·사원·주주의 공존공영을 도모해야 한다. 이 균형이 파괴되면 활동이 건전한 형태로 운영될 수 없기 때문에 기업은 사회적 책임을 완수하는 것을 무엇보다 우선으로 생각해야 한다. 이것을 항상 염두에 두고 업무에 몰두하고 정진해야 한다.

시켜서 하는 일과 자신이 창출하는 일의 차이

상사에게서 명령받은 일이라고 생각되면 시켜서 하는 일이라는 기분이 든다. 매일의 일을 상사에게 명령받고 성과를 체크당하면 자기 일이라는 생각이 흐려지게 되고, 이런 형식으로 일하다 보면 게으름을 피우거나 딴전을 부릴 수 있다. 때문에 어떻게 하면 주어진 일을 내 것으로 할 수 있는가 하는 것이 일에서 보람을 발견하는 최대의 포인트라 할 수 있겠다. 명령을 받거나 시켜서 하는 일이라고 느껴지면 즐거움이나 보람을 느낄 수 없다. 일을 자기 것으로 만들려면 스스로 일 속으로 뛰어드는 것이 중요하다.

'일'을 하나의 '사업'이라고 생각해보자. 나는 주인이라고 생각하고, 상사는 단골손님, 상사의 명령은 단골손님의 주문이라고 생각하는 것이다. 단골손님인 상사로부터 일을 받아온 것이므로 납기를 확인하고 업무를 시작한다. 이러한 느낌으로 조직 속에서 자신의 입장과 역할을 생각해보면, 사외社外에 대한 책임과 역할도 명확해진다. 거래처의 전화에는 어떻게 대응할 것인지, 밖에서 걸려온 전화를 받을 때나 타 회사를 방문할 때도 경영자를 대신하고 있다는 생각으로 임해야 한다. 우리의 일거수일투족은 회사의 간판인 것이다. 나는 매일 신용을 만들어내고 있는지, 아니면 신용을 깨뜨리고 있는지 주어진 분담작업을 다른 관점에서도 살펴보고 바라보자. 상사·동료·후배를 거래처라고 생각하고, 더욱 좋은 관계를 창출하고 유지하는 것이 내 사업을 발전시키는 것이라고 생각한다면 불만도 건전한 힘으로 바뀔 수 있다. 그런 태도가 승진의 기회로 연결되는 것이다. 항상 '내가 주인, 주위 사람들은 거래처'라는 생각으로 일하면 나와 회사가 일체一體가 되고, 고객을 끌어들이는 데도 중요한 역할을 수행할 수 있을 것이다. 이처럼 일은 수동적으로 시켜서 하는 것이 아니라 스스로 창출하는 것이다.

일은 진지한 승부여야 한다

회사를 다니고 있는 중이면서도 다른 회사로 옮겨야지라든가, 여건만 된다면 전직轉職하겠다고 생각하는 사람들이 종종 있다. 이는 일을 하면서도 마음이 딴 곳에 있게 되어 업무에 집중하지 못하는 공백의 시간으로 만들어 버린다. 자신이 맡은 업무가 마음에 들지 않거나, 업무를 소화하기에 힘이 너무 많이 들거나, 회사 경영상태가 어려워지면 이런 생각으로 일을 소홀히 하게 된다. 또한 무의식중에 불평이나 불만이 튀어나와 자포자기하거나 남에게 상처를 주기도 하고 자신도 상처를 입는 것이다.

일에서 얻어지는 것이 아무것도 없다고 생각되면 발붙일 곳이 없어진다. 현 상황에서 벗어나 다른 곳을 구하려고 하기 때문이다. 일은 진지한 승부여야 한다. 일이 생각에서 떠나 제멋대로 떠다니면 무엇을 해도 자신의 것이 되지 않는다.

"두 마리 토끼를 쫓아서는 한 마리의 토끼도 얻지 못한다"는 말이 있다. 일하는 의미를 다시 한 번 생각해보자. 일하는 사람의 매력은 일의 종류나 지위고하地位高下의 문제에 있는 것이 아니다. 그 일을 얼마만큼 진지하게 진행하는가 하는 것의 문제이다. 단순히 급여라는 금전의 보수를 얻기 위해 일하고 있다면, 일하는 시간이 길게만 느껴지고 지루하기만 할 것이다. 실제로 젊은이들에게 "일에서 무엇을 얻고자 하는가"라고 물어보면 1위가 돈이다. 돈만 있으면 무엇이든지 손에 넣을 수 있다고 생각하기 때문이다. 그래서 돈이 압도적이다. 그러나 그들 중에는 일을 완성했을 때의 기쁨, 경쟁에 이기는 것, 인정받는 것 등이라고 대답하는 사람도 많다.

때로 우리는 일에 홀린 듯이 열중하는 경우가 있다. 일을 시작하려고 할 때 가슴이 두근거리는 경우도 있다. 그것은 금전 이외의 또 다른 성취감과 만족감이 얻어지기 때문이다. 금전을 위해서만 일하는 것이 아니고 자신의 '성장, 역량, 교양, 감성' 등도 일하는 과정에서 얻어진다. 그러므로 지금 이 순간의 일을 소중히 여겨야만 진정 내가 구하는 것을 얻을 수 있을 것이다.

일을 아는 것과 이해하는 것의 차이

　사람은 오관五官을 통해서 사물을 이해하고 배운다. "백문이 불여일견"이라는 말이 있다. 귀로 듣는 것보다 눈으로 직접 보면 더욱 많이 빨리 배울 수 있다는 뜻이다. 시각, 청각, 후각, 미각, 촉각의 오관을 전부 이용하면 더욱 효과적인 학습을 할 수 있다. 그렇지만 지식이 행동에 결부되는 것은 결코 아니다. '안다고 하는 것과 할 수 있다는 것'과는 차원이 다른 이야기이다. 아는 것에서 실행하려고 하는 의욕을 동반하여 행동에 옮기고 실천해야만 비로소 할 수 있는 것이다. 간혹 우리는 지식으로 이해했다고 하더라도 하려고 하지 않는 경우가 있다. 이는 의식이 부족하기 때문이다. 지식을 살리기 위해서는 항상 이를 활용하려는 의식을 지녀야 한다.

　일에는 다섯 가지의 의식이 필요하다. '안전의식·품질의식·고객의식·능률의식·원가의식' 이것을 새삼스럽게 말할 필요가 없는 것은 지식으로서는 이미 잘 알고 있기 때문이다. 그러나 사고나 문제가 생긴 후에 이를 분석해보면, '안전지식'은 잘 알고 있지만 '신경을 쓰지 않았던'것이 대부분이다. 우리는 보거나 듣는 지식학습의 공부는 충분히 했지만 '신경을 쓴다'든가 '항상 의식한다'는 등의 학습은 아직 불충분하다는 것을 알 수 있다.

　우선 '의식'을 움직이게 하려면 이해하려는 '태도'가 필요하다. 이 마음을 일에 적용시킴에 따라 실행이 가능하고, 실행을 거듭함으로써 습관이 생겨 익숙해진다. 지식은 활용해야만 비로소 도움이 되는 것이

다. 학습한 지식을 유용하게 활용할 수 있는지, 그렇지 않으면 쓸모없게 되는지는 자기 자신의 의식에 달려 있다. '아는 것'과 '할 수 있다'는 것이 다르다는 것을 이해하고 의식하는지, 할 수 있는지를 다시 점검하고 생각해봐야 한다.

인간은 본래 게으른 것일까, 근면한 것일까

일하는 의미를 생각해보기 위해 흥미 있는 대화 하나를 소개한다. 평상시 사이가 좋은 두 사람이 진지하게 이야기를 나눈다.

A : 인간은 본래 게으름뱅이로 만들어져서 가능하면 일하지 않고 게으름을 피우고 싶어 하지.

B : 그렇지 않아. 일하기 싫은 사람은 없어.

A : 나는 게으름뱅이라고 생각해. 게으름뱅이니까 게으름 피우지 못하도록 일을 시키는 방법을 생각해낸 거야. 그리고 일을 시키는 사람이 없다면 일하려고 하지도 않을걸.

B : 과연 그럴까? 4~5일 계속해서 쉬면 노는 것도 지쳐서 일하고 싶어져. 외부에서 일하라고 압력을 가하거나 규제하는 것은 좋지 않지만 일하는 것 자체는 좋은 것이 아닐까?

A : 그래, 일생 동안 놀면서 지내는 것도 괴롭지. 자신이 좋아서 일하는 것과 의무로서 일하는 것은 달라.

B : 좋아하는 일도 노력이 있어서 일이 자신의 것이 되는 것은 아닐까? 처음부터 좋아하는 일에 딱 들어맞는 사람은 별로 없을 거 같아.

A : 좋아하는 일이라면 스스로 즐겨하는 것은 사실이야.

인간은 본래 게으름뱅이니까 외부에서 압력을 받아야만 일한다는 A와, 인간은 본래 일을 좋아한다는 B, B는 일을 좋아하게 되는 노력이 있어야 일이 자신의 것이 된다고 말한다. 처음부터 일의 목적이 인간 성장이라든가 사회 공부라고 생각하는 사람은 매우 드물다. 처음에는 생활의 양식을 얻기 위해 어쩔 수 없이 일하고, 3~4년이 지난 후에야 일이 익숙해지면서 일하는 자체가 즐거워지는 것이다. 그때부터 일을 통해서 인생을 생각하거나 일의 깊이에 눈을 떠 더욱더 자신을 성장시키려고 하는 것이 자연스러운 현상이다.

X이론과 Y이론, 맥그리거(Mcgregor, D.)는 그의 저서 『기업의 인간적 측면』에서 인간과 노동의 관계에 관한 가설을 제창하여 산업계에 큰 충격을 주었다.

- "인간은 본래 게으름뱅이이니까 채찍이나 먹이로 일을 시킨다."_X이론
- "인간은 본래 일하는 것을 즐거워한다. 스스로 일하고자 하는 의욕을 모두가 가지고 있다. 그러나 환경이나 인간관계에 불만이 있으므로 일하는 의욕을 잃는 것이다."_Y이론

02

직장생활의 기본을 익히고
프로 비즈니스맨으로 도약한다

어 떻 게
인정
받을 것인가

사회인으로서의 의식전환이 필요하다

우리는 사회인이며 기업인이다. 사회인의 첫 번째 관문은 뭐니 뭐니 해도 시간을 잘 지키는 것이다. 정해져 있는 출퇴근시간은 반드시 지켜야 한다. 둘째, 일에 필요한 지식을 익힐 뿐만 아니라 그것을 일에 활용해 행동으로 옮겨 성과를 만들어야 한다. 그러기 위해서는 적극적이고 주체적으로 공부하고 모르는 것은 즉시 나서서 물어보아 답을 찾고 익혀두어야 한다. 셋째, 학생 때는 자기가 좋아하는 친구, 마음에 맞는 친구만 사귀어도 무방했지만, 사회인이라면 연령과 성별이 다른 그 어느 누구와도 원활한 인간관계를 유지해야만 일을 진행할 수 있다. 즉 가로 세로의 복잡한 인간관계를 잘 유지하는 능력이 요구된다. 넷째, 사회인으로서 회사의 이익을 도모하기 위해서는 효율적인 업무추진 방

식과 원가절감을 생각해야 한다. 회사 전체를 위해 생각하고 행동할 필요가 있다.

이러한 실천은 처음에는 익숙하지 않겠지만 의식적·적극적으로 사고하고 행동함으로써 멋진 사회인이 될 수 있을 것이다. 일하는 의미를 금전에만 부여하다 보면, 눈앞의 손익에만 얽매이게 된다. 물질적인 욕구와 함께 정신적인 욕구를 추구하고, 안락과 사치의 욕구도 필요하지만 창조의 욕망을 자각하는 것이 더욱 중요하다.

프로 비즈니스맨으로서의 사고

'아침마다 정해진 시간에 출근한다, 어제의 일을 오늘도 계속한다, 또는 상사의 지시에 따라서 일을 진행한다, 그리고 한 달이 지나서 월급을 받는다.' 매일 매일을 이렇게 반복하다 보면 문득 '회사란 도대체 무엇일까'라는 의문이 생길 것이다. 회사란 어떤 곳인지 회사를 바르게 이해하고 자신이 경영에 참가한다는 의식을 갖는 것은 프로 비즈니스맨으로서 매우 중요한 일이다. 그 이해방식에 의해서 자신의 회사에 대한 생각과 일에 대한 기본적인 개념이 결정되기 때문이다. 이것은 자기 자신의 태도나 행동이 결정된다는 것을 의미하기도 한다. 그러면 프로 비즈니스맨으로서 어떤 사고思考로 회사를 이해하는 것이 좋을까?

첫째, 회사에는 공통의 목적이 있다. '경영이념'이나 '사훈'이라는 형태로 사원에게 명시되고 있다. 회사의 이러한 목적을 달성하기 위해 많은 사람이 서로 협력하여 활동하는 조직이 바로 회사이다. 자기 회사의 목적이 무엇인가를 잘 아는 것이 비즈니스맨으로서의 시작인 것이다.

둘째, 모든 사람이 역할을 분담하고 있다. 회사의 목적을 달성하는데는 여러 사람이 많은 종류의 다양한 일을 한다. 이 다종다양한 일을 서로 분담해서 해낼 때 큰 목표를 달성할 수 있다. 따라서 어떤 일이든 '회사의 목표'를 달성하기 위해서는 어느 한 가지도 빼놓을 수 없는 중요한 것이라 할 수 있다. 이것은 마치 운동경기와 같다. 한 사람 한 사람이 주어진 포지션에서의 역할을 확실하고 충실하게 수행하는 것이 승리에의 길인 것과 마찬가지이다.

셋째, 자신의 일에 의욕적이고 성실하게 임하는 것이다. 회사의 일원인 이상, 싫다든가 기분이 내키지 않는다는 이유로 일을 하지 않는 것은 용납될 수 없다. 중요한 것은 자기에게 주어진 일에 성실하게 임하고, 그것을 의욕을 가지고 이루는 것이다. 진지하게 일하며 자신의 권리를 밝혀가는 것이 자신이 진심으로 하고자 하는 일을 갖게 되는 기회와도 연결된다고 할 수 있다.

넷째, 회사는 행동하는 장場이다. 회사에서는 단순히 알고 있는 것, 또는 아는 것을 말하는 것만으로는 일이 되지 않는다. 알고 있는 것, 생각하는 것을 행동으로 연결하여 눈에 보이는 성과를 올려야만 비로소 평가된다. 이러한 의미에서 회사는 행동하는 장인 것이다.

회사가 목표로 하는 것과 내가 목표로 하는 것이 어디에선가 일치하지 않을까? 기업 발전의 근본은 독창성에 있다. 기업의 목적은 고객창조에 있다. 그러면 나의 목적은 무엇인가? 자신의 능력을 최대한으로 발휘하여 무엇인가를 달성하고 싶다는 목적이 있는가? 그 목적이 맞아떨어지면 회사에서의 일은 당연히 즐겁고 진정 바라는 꿈을 지닐 수 있을 것이다. 회사의 목적과 업무내용을 나의 성장과 성공의 장으로 만들어보자.

회사는 돈이 열리는 나무가 아니다

이익은 사원 한 사람 한 사람이 땀 흘려 일하여 만들어내는 것이다. 그 이익이란 매출액에서 원가를 뺀 나머지를 말한다. 이 이익은 사원의 급여나 세금 등으로 처리된다. 이익을 얻기 위해서는 원가 이상으로 성과를 신장시켜야 한다. 그러나 많은 회사들이 경쟁하는 이상 생각처럼 쉽게 매출을 신장시킬 수는 없다. 따라서 원가를 내리는 노력을 하고 이 매출액과 원가의 양면을 생각하며 노력해야 한다. 일은 무엇이든 원가와 결부되어 있다. 때문에 이것을 얼마나 효율적으로 줄일 것인가를 항상 의식하며 일하는 것이 필요하다.

회사는 돈이 열리는 나무가 아니다. 사원 한 사람 한 사람이 일하여 이익을 만들고, 그것으로 사원과 그 가족, 그리고 거기에 관계하는 많은 사람이 생활하는 것이다. 원가와 쓸데없는 경비를 줄이고, 그만큼을 이익으로 돌린다는 의식에서 재료·자료·경비를 살펴봐야 한다.

그 방법 중의 하나는 담당하는 일의 하나하나를 세세히 살펴보고 무리하거나 쓸데없는 일이 되지 않도록 능률적으로 일을 진행하는 것이다. 무리한다는 것은 수단이 목적과 어울리지 않는 것을 말한다. 예를 들면, 1톤밖에 실을 수 없는 트럭에 3톤을 싣고 작업을 한다면 어떻게 되겠는가. 정도를 지나치게 벗어나면 무리하게 되는 것은 불을 보듯 뻔하다. 무리한 작업은 위험할 수 있고, 심지어는 트럭이 파손되어 버리는 경우도 있을 수 있다. 그렇게 되면 손해를 보게 된다. 또 낭비란 일의 목적에 대해 수단이 지나치게 커서 맞지 않는 것을 말한다. 예를 들어, 3톤을 적재할 수 있는 트럭에 겨우 30kg의 물건을 싣고 이동한다면 어떻겠는가? 대형트럭을 비운 채로 연료를 낭비하며 서울·부산을 달리는 것과 같다. 이처럼 우리 주변에는 낭비하거나 무리하게 일을 하는 경우가 많다. 그러므로 낭비는 즉석에서 개선할 필요가 있다.

일을 추진할 때는 우선 전체의 목적을 생각하고, 그 목적에 가장 어울리는 방법과 수단을 선택하는 것이 요령이라 할 수 있다. 그리고 그 수단의 선택을 능률적인 관점에서 생각하는 것이 중요하다. 일은 정해진 시간 내에 하되 무리하거나 낭비를 조금이라도 줄이고 결과적으로는 생산성을 높여야 한다. 그렇지 않으면 원가만 증가해 이익이 줄어들게 되는 것이다.

발전하는 회사와 그렇지 못한 회사는 무엇으로 판단되는가. 우선 매출 신장이다. 전년대비 신장률이 매년 상승함과 동시에 조금씩이라도 원가율이 개선되는 것이 좋다. 기업 규모가 크면 낭비도 늘어 원가율이 높아져 수익이 저하되는 경우가 많다. 한 사람 한 사람의 노력이 마침내 수익을 가져오는 것이다. 기업 규모가 커지면 한 사람 한 사람의 업적과 연결되어 있다는 것이 실감나지 않지만 모두의 결실이 모여서 매출을 이룬다는 사실을 염두에 두자.

회사에는 경영이념을 나타내는 소위 사시 社是와 사훈 社訓이라는 것이 있다. 기업으로 치면 기업주의 경영철학이나 경영이념 등을 반영하는 것이 사시다. 그리고 그것을 회사의 경영방침이나 사원들의 행동지침으로 구체화한 것이 사훈이다. 이것은 회사의 헌법과 같은 것이고 암묵의 정신적 지주가 되기도 하는 것이다. 창립한 지 얼마 되지 않아 아직 정해진 경영이념이 없는 경우라도 다만 명문화되어 있지 않을 뿐이다.

경영이념은 무엇을 위해 회사가 존재하는지 그 목적하는 바를 명시한 것으로서, 회사가 무엇을 위해 활동하는지 그 기본목표를 명확히 해놓은 것이다. 경영방침과 달리 이것은 변동되는 일이 거의 없다. 경

영방침은 회사의 상황과 회사를 둘러싼 환경에 의해서 바뀌는 것으로서, 경영이념보다도 한층 더 실질적이고 구체적인 것이다. 경제상태, 경기, 업계의 동향, 소비자 의식의 변화, 사내의 상황 등이 경영방침에 반영되는 것은 회사 내외를 불문하고 수없이 다양하다. 경영방침은 회사의 경영전략과 불가분의 관계에 있는 것이다. 경영방침에 근거해서 경영전략이 세워지기 때문이다.

방침이란 목표를 달성하는 데 있어서 반드시 지켜져야 할 조건이며, 주력해야 하는 부분이다. 목표를 달성하기 위해 무엇을 지키고 무엇에 힘을 쏟을 것인가를 구체적으로 정해야 전원이 힘을 모아 집중할 수 있다. 뿔뿔이 흩어져서 생각하고 행동하는 것보다 훨씬 효율성을 높여 일을 수행할 수 있고 성과를 극대화할 수 있기 때문이다. 즉, 경영방침은 회사가 목표로 하는 바를 달성하기 위한 방법을 나타낸 것이며, 어디에 집중하여 힘을 쏟으면 빠르고 효과적으로 타사와의 경쟁에서 우위를 점할 수 있는가를 나타낸 것이다. 경영방침의 의미를 잘 이해하고, 방침에 따라서 일을 진행하는 중요함이 여기에 있다.

회의를 통해 보다 나은 업무방식을 꾀한다

회사에서는 각종 회의가 많이 열린다. 전달 지시를 위한 회의, 무엇인가를 정하는 회의. 지혜를 짜내는 회의, 아이디어를 구하는 회의 등, 회의의 목적을 잘 이해하고 회의에 참가할 때는 자신을 위해서도 전체를 위해서도 적극적으로 참여해야 한다. 그렇다면 회의의 종류와 목적에 관해서 살펴보도록 하자.

첫째, 연락과 지시를 위한 회의가 있다. 같은 일을 효율적으로 진행하기 위해서는 일의 목적이나 순서와 방법에 관해서 모두가 공통의 정보를 지닐 필요가 있다. 각자 자신이 편리한 방법으로만 일을 해서는 효율적일 수가 없다. 그러므로 사원들에게 일의 순서를 지시하거나 회사의 방침과 목표를 전달하고자 회의가 열리는 것이다. 둘째, 의사결정을 위한 회의이다. 관계자가 모여 여러 가지 의견을 제시하여 결정한다. 조직의 화합을 위해서는 이처럼 전원이 모여서 서로의 의견을 발표하여 결정하는 것이 좋다. 셋째, 문제를 해결하기 위해 지혜를 내놓는 회의이다. 예를 들면, '어떻게 하면 조금이라도 실수를 줄일 수 있을까', '고객에게 기쁨을 주기 위해서는 어떤 서비스를 해야 할까', '우리 회사의 상품을 홍보하기 위해서는 어떤 방법이 효과적일까' 하는 것 등이다. 넷째, 정보의 수집과 교환을 위한 회의이다. 부장이나 과장이 부하직원이 가지고 있는 정보를 모으거나, 관계자가 자신이 갖고 있는 정보를 제공하여 서로 교환함으로써 일에 도움을 주기 위한 회의이다. 또일을 조정하기 위한 회의도 열린다. 각 부서나 팀의 의견과 이해를 조정하여 문제가 생기지 않도록 하는 것이다.

여러분도 회의에 참가해본 경험이 있을 것이다. 그 느낌이 어떠했는가. 실망했다면 그것은 자신이 기대하고 있었던 것과 회의의 목적이 서로 맞지 않았기 때문일 것이다. 회의의 목적과 기대한 것이 잘 맞으면 적극적이고 유용한 회의가 될 것이다. 그렇게 되기 위해서라도 회의의 목적이나 목표를 먼저 이해하고 참석하는 것이 중요하다.

회의의 성과를 올리려는 적극적인 모습과 자세를 취해야 한다

회의는 새로운 것을 만들어내기 위한 가치 있는 수단이다. 회의에 참석하는 사람은 매너를 지키고 더욱 효율적인 회의가 될 수 있도록 노력해야 한다. 사전에 배포된 회의에 관한 자료는 바쁘더라도 반드시 읽어두어야 하고 잘 모르는 부분은 사전에 점검하였다가 검색이나 질문을 통하여 숙지해야 한다.

또 회의는 적어도 시작시각 5분 전에 참석하는 것이 바람직하다. 그리고 회의의 진행상황이나 주요 간부사원의 발언을 메모해두면 나중에 회의 보고서를 작성할 때나 일을 진행해가는 데 있어서 반드시 도움이 된다. 다만 발언자의 이야기를 빼놓지 않고 메모하는 자세는 좋지

만, 이야기하는 스피드와 기록하는 스피드에는 차이가 있으므로 요령 있게 포인트만 기록하도록 하고, 가능한 한 발언자 쪽을 주시하면서 진 지하게 듣고 있다는 것을 나타내야 한다. 한편 소곤거리는 것은 금물이 다. 듣는 사람이 소곤거리면 발언자의 발표의욕이 저하될 뿐만 아니라 분위기도 산만해진다. 회의에 적극적으로 참가한다는 것은 한 사람 한 사람의 태도가 반영되어 몰입된 분위기로 나타나 활성화되는 것을 의 미한다.

회의 중 의문사항이 들거나 평소 생각한 것이 있다면 손을 들어 사 회자나 리더의 허락을 받은 후에 발언한다. 발언은 모두가 잘 들을 수 있는 목소리로 의견을 명확하고 짧게 말한다. 또 회의 테이블 위는 어 지럽히지 않는 것이 좋다. 회의에 지참한 자료나 회의 때에 배포된 자 료는 테이블 위에 깔끔하게 정돈하여 두고, 차라든가 음료수가 나오면 소리를 내지 말고 마시는 데 신경을 쓰도록 한다. 회의의 성과는 참가 하는 전원의 동작이나 행동이 미묘하게 작용하여 이루어지는 것이기 때문이다.

서로 자신의 의견만 주장할 뿐 다른 사람들의 의견은 무시하는 모습을 "사공이 많으면 배가 산으로 간다"고 하고 자신의 발언이 참석자의 반발을 사서 고립해 버리는 것을 "사면초가"라고 한다. 사면초가가 되지 않도록 참가자의 발언을 잘 듣고 동의할 것은 적극적으로 찬성을 표하라. 회의의 성과를 올리려는 적극적 인 모습과 자세를 취해야 한다.

QC는 Quality Control의 약자로서 '품질관리'이다. 관리라 하면 아무래도 강제적으로 통제되는 듯한 느낌이 들지만, 건강관리처럼 자신의 신체를 자주적으로 컨트롤하는 것과 비슷하다. 항상 고객에게 만족을 줄 수 있도록 좋은 품질을 유지하고, 또 개선활동을 통해서 더욱 좋은 제품과 서비스로 저렴하게 제공하는 것이다. 이것은 한 사람 한 사람 전원이 각각의 부서, 입장에서 서로 협력해야 한다.

같은 부서원들이 같은 목적을 달성하기 위해 모임활동을 행하는 것을 QC모임이라 한다. 그런데 건강관리만 보더라도, 제삼자가 자신의 건강에 관해서 이러쿵저러쿵 이야기하는 것은 그리 달갑게 받아들여지지 않는다. 그 예로 "건강에 해로우니까 담배를 끊으십시오"라는 것만 보더라도 알 수 있다. 아무리 강요해도 소용없는 일이지만, 자신이 스스로 끊어야겠다고 생각하면 기분 좋게 끊어지는 것이기 때문이다.

QC모임활동도 자신이 스스로 참여하면 성과가 있지만, 명령이나 강제에 의하면 그다지 성과가 오르지 않는다. 이것은 창조하는 분야가 크기 때문이다. 업무이기 때문에 의무감으로 QC 활동에 참여하다 보면 아이디어와 개선점이 좀처럼 떠오르지 않는다. 흥미와 관심을 갖고 '재미있겠지'라고 생각하면 아이디어가 저절로 떠오를 것이다. QC활동에 흥미를 갖게 되면 능력이 발휘되기 시작한다.

어떤 부서에 소속되고 싶은가?

회사에 입사하면 00부서라든가 00팀에 소속되어 일하게 되는데, 그 부서나 팀에 소속이 결정되는 것을 발령이라고 한다. 예를 들면 본사 영업부 제1영업팀에 발령된다든지, 부산지사의 총무부 인사팀에 발령되는 것이다. 그런데 자신이 희망하는 부서나 팀에 발령되는 경우도 있지만 그렇지 않은 경우도 많다. 사원의 적성이나 부서의 결원缺員 등의 상황을 보고 인사부에서 부서를 정하게 되는 것이다.

대개의 경우 면접 시에 "입사하면 어떤 일을 하고 싶은가?"라고 묻는다. 또 입사 후 신입사원교육 중에 "어떤 부서에 소속되고 싶은가?"라고 묻는 경우도 있다. 회사에서는 누가 어떤 자리에서 일하고 싶어하는지 각자의 의사를 미리 타진하는 셈이다. 하지만 회사는 인원계획이나 배치계획이 있으므로 실제 부서 결정에 있어서는 본인의 희망이 100% 받아들여질 수는 없다. 즉 희망부서를 표명했다고 해서 그 희망대로 발령된다고 볼 수는 없다. 이점을 충분히 감안해야 한다.

기대했던 부서에 발령되지 않았다고 해서 고민하거나, 인사과에 달려간다고 해도 이는 소용없는 일이다. 부서 결정에 있어서는 특히 장기적 안목이 필요하며, 일단 결정된 근무부서에 대해서는 발령에 관해서 불안감을 갖지 말고 적극적인 자세로 열심히 일해야 한다. 희망한 부서에 발령되었다고 해도 정년 때까지 그 부서의 일을 계속하는 것은 아니다. 도중에 이동이 있을 수 있다.

회사에서는 여러 가지 일을 많은 사람이 분담하여 수행하고 있다.

한 가지 일을 3년 정도 하면 대강의 업무진행 방식은 마스터할 수 있을 것이다. 전문가가 되려면 5년이나 10년 정도 같은 일을 해야 하지만 잡 로테이션job rotation에 따라 3년이나 5년 정도에 이동하는 것이 보통의 예이다. 발령된 곳이 생산부이든 영업부이든 근무부서에서 열심히 일 하는 것이 당면과제인 것이다.

제안제도, 구체적인 제안이 중요하다

회사에는 제안제도가 있다. 제안제도라는 것은 사원으로부터 제조 기술, 신제품, 작업진행 방식, 고객서비스 방법, 직장안전 보건 등에 대 한 아이디어나 개선 의견을 제공받는 것이다. 개인적인 일로 인해 낭비 한 적은 없었는지 사소한 것이라도 발견해내어 이것을 개선하는 습관 을 갖는 것이 요구되고 있다. 제안제도에 의해서 합리화, 원가절감, 고 객서비스의 향상 등이 도모되고, 그것이 업적에 공헌할 뿐만 아니라 개선을 꾀함으로써 창의와 연구하는 힘이 생기는 것이다. 따라서 식당 이라든가 직장에는 제안함이나 제안용지를 두어 자유롭게 기재, 제안 할 수 있도록 하는 곳이 많다. 사원이나 고객이 제안을 내고 작업의 개 선이나 원가절감에 힘씀으로써 기업의 근본적인 경쟁력을 강화할 수 있다.

가끔 '이런 아이디어를 내면 혹 바보로 취급되지 않을까'라고 우려하 는 신입사원을 볼 수 있는데, 신입사원의 신선한 아이디어를 바보 같다고 하는 직장은 아무 데도 없다. 다만 제안에 있어서는 구체적인 것이 필요하다. '더욱 밝게 하면 좋겠다', '작업장소를 좀 더 넓게 하면 능률이 오르겠다'는 것 등도 제안임은 틀림없지만 구체성이 결여되어 있다. '현재의 작업과 업무방식은 이러하다, 그것을 이와 같은 방식으로 바꾸면 그만큼 비용이 싸게 든다'는 등으로 구체적인 예를 들어서 제안하는 것이 필요하다. 항상 자신의 주변에서 개선할 점을 발견하는 습관을 기르는 것이 중요하다. 그러기 위해서는 선배사원이나 동료들이 어떤 제안들을 하는지 연구하는 것도 나쁘지 않다.

사원면담표는 신중하게 기재한다

회사는 사원의 능력을 개발하고 일하는 보람을 높이기 위해 여러 가지 제도를 시행하고 있다. 사원면담제도도 그중의 하나이다. 보통 사원 한 사람 한 사람에 대해 매년 1회 이상 상사의 면접이나 사원면담을 신청함으로써 행해진다. 사원면담은 우선 '지금 하는 일에 어느 정도 만족하는지, 지금 하는 일에 자신의 능력을 충분히 발휘하는지, 앞으로 어떤 일을 담당하고 싶은지, 어떤 부서에서 일하고 싶은지, 이제부터 어떤 능력을 발휘해가고 싶은지, 특기나 자격을 살리고 싶은지, 자기계발을 위해 현재 어떤 노력과 연구를 하는지' 등을 사원면담표 양식에 기재하여 제출하는 것에서부터 시작된다. 면담표는 즉흥적으로 기재하지 말고 차분히 돌아보고, 지금부터의 일을 잘 생각하여 작성하는 것이 중요하다.

사원면담은 직무에 대한 자기계발과 능력의 확대를 목표로 한다. 사원의 직무와 경험 그리고 연수에 의한 능력은 평가되지 않는다. 사원면담표를 토대로 하여 인사부나 상사와 상담이 진행된다. 이때 더욱 자세한 이야기를 하거나 또 다른 어드바이스를 받는 경우도 있다. 주로 사원면담표의 내용과 현재의 업무 등에 대하여 상사의 생각이나 앞으로의 지도방침에 관해서 서로 이야기하고, 자기 자신의 능력이나 일에 대한 자세와 의욕을 돌아보고, 앞으로의 보다 나은 방향을 생각하고 자기계발을 어떻게 도모해갈 것인가를 생각해볼 수 있는 좋은 기회가 된다.

회사에서는 사원면담표의 내용을 보고, 그것을 능력개발, 인사이동, 적성배치에 활용한다. 회사는 사원이 가지고 있는 능력을 발휘하여 업적을 올릴 수 있도록 한곳에 오래 머물게 하는 일은 원칙적으로 하지 않는다. 가능한 한 본인의 능력을 발휘할 수 있도록 로테이션을 시킨다. 그때 본인의 희망이 받아들여졌다면, 즉 능력발휘에 연결된 셈이다. 그러나 사원면담표에 이러이러한 분야의 일을 담당하고 싶다고 기재했다고 해서 그 희망이 실현되는 것은 아니다. 자신의 진정한 희망을 쓰고, 또 평소 자기계발에 힘써 능력향상에 노력하면 언젠가는 거기에 상응하는 대우를 받게 될 것이다. 한 번 두 번 기재하여 실현되지 않았다고 해서 '어차피 기재해도 소용없지 않나'라고 가볍게 생각하지 말고 신중하게 기재하기를 바란다.

조직의 질서를 위한 회사 보상제도

회사에는 사원 보상제도가 있다. 회사의 명예와 신용을 높이는 데 공헌했을 때 보상하는 것이 통상적인 예이다. 보상의 대상이 되는 것은 업무상 유익한 발명과 고안을 했을 때, 탁월한 기술을 개발했을 때, 화재나 재난 등의 재해를 미연에 방지했을 때, 사회적인 선행을 하여 회사의 명예를 현저하게 높였을 때, 장기근속을 했을 때 등이다. 이러한 때는 상장과 상품, 또는 상금을 주고 보상한다. 회사에 소속된 스포츠선수가 국내나 국제대회에서 우승하거나 신기록을 수립했을 때 회사가 보상하는데 이것은 회사의 명예를 높였다고 평가되었기 때문이다. 보상을 받는다는 것은 정말 기분 좋은 일이다.

모든 사람은 여러 가지 목표가 있어서 그 목표를 달성하려고 하는데 그것이 회사에 있어서 유익하면 그 행위를 권장하고 다른 사람의 모범이 되도록 보상하는 것이다. 악기를 연주하는 사람은 그 악기가 피아노든 바이올린이든 수년간 연습을 계속하게 된다. 어느 정도의 음이 나오고 일류라고 불리는 사람들은 매일매일 연습을 거듭하여 거기에 도달한 사람들이다. 목표에 도전하는 것은 가치 있는 일이며 보상은 그에 대한 보수인 것이다.

회사는 보상제도를 시행하는 한편, 조직의 질서를 유지하기 위해 규율이나 통제를 교란하는 사람에 대해서 그것에 상응하는 제재를 가하고 있다. 제재 대상이 되는 것은 경력을 허위로 작성해 입사했을 때, 취업 규칙에 대한 잦은 위반, 회사 내에서의 풍기문란으로 질서를 교란했을 때, 업무상의 태만에 의해서 재해나 사고를 일으켰을 때, 허가를 얻지 않고 회사물품을 외부로 유출했을 때, 회사의 명예나 신용에 큰 손상을 입혔을 때, 회사의 비밀을 누설해 회사에 피해를 입혔을 때, 상사의 지시·명령을 자주 거역했을 때 등이다. 이런 행위는 질서를 어지럽히는 행위이다. 본인에게는 그럴 만한 사정이 있었겠지만, 회사는 조직이기 때문에 조직의 질서나 규율을 어지럽히면 안 되므로 그러한 행위를 근절시키기 위해 제재가 있는 것이다. 누구나 제재는 싫어하게 마련이다.

신입사원으로서의 태도와 행동을 습득한다

신입사원이 부서에 배치되면 선배사원은 신입사원을 보고 인사를 제대로 하지 않는다고 하고, 신입사원은 인사를 할 분위기가 아니라는 이야기를 하곤 한다. 교육시간에 배운 직장인의 매너를 실천할 수 있는 분위기가 조성되지 않아서는 곤란하다. 실제로 우리는 매너리즘화되어 있어서 인사조차도 제대로 하고 있지 않는 경우가 많다. 이 기회에 신입사원의 입장에 서서 기본행동을 다시 돌아보고 선배로서 부끄럽지 않은 태도와 행동을 취해야겠다. 신입사원교육은 사회인으로서 지켜야 할 직장에서의 태도와 행동을 습득하는 데 있다. 배운 것을 직장에서 실천할 수 있도록 선배사원은 지도하고 원조하는 데 힘써야 한다.

- 회사의 조직이나 직제(職制), 활동내용의 개념과 윤곽, 인사 구조와 노동 조건
- 일에 관한 기본적 지식과 기능, 직장에서의 매너, 마음가짐과 바람직한 태도
- 팀워크와 인간관계
- 업무의 기본정석 습득 등이 주요 학습과제

매년 입사한 젊은 신입사원들에게 물어본다. "입사 후 선배사원에게 바라고 싶은 것은 무엇입니까?"라는 질문에 '원활한 커뮤니케이션, 의견을 말할 수 있는 분위기 조성, 업무 지도' 등이 주요 답변 내용이었다. 개중에는 일이 없어서 곤란하므로 좀 더 일을 시켜달라는 요구도 있었다. 신입사원들은 일에 많은 의욕을 가지고 있다. 그러므로 선배사

원들은 그들의 의욕에 응할 수 있는 적절한 지도와 길잡이로서의 역할
이 필요하다.

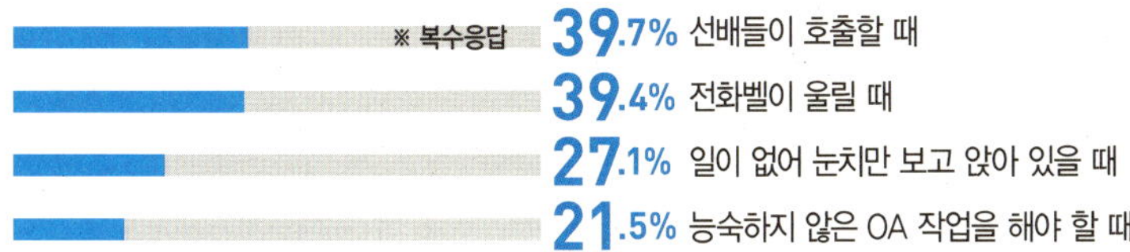

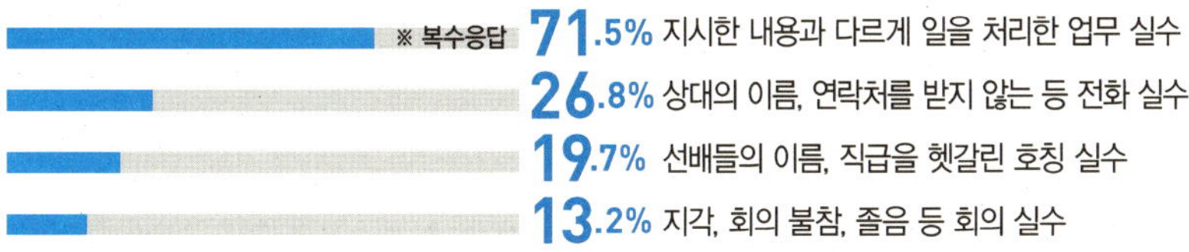

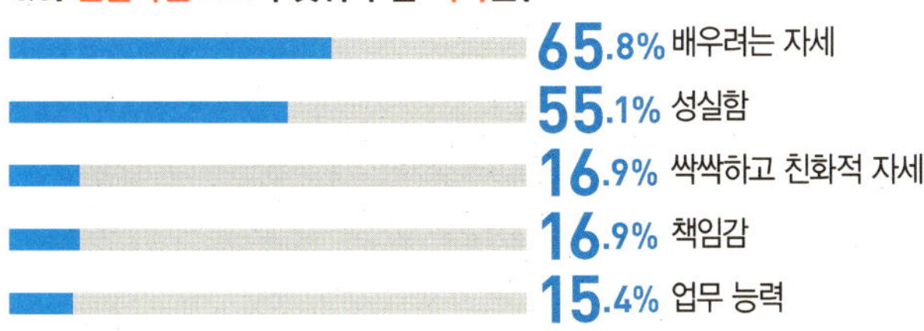

어떠한 업무를 맡았는데 수요일까지 마칠 수 있다고 생각되면 항상 금요일이라고 말하라. 부서에서 일주일이 걸릴 일로 생각되는 것이면 2주일이 걸리겠다고 말하라. 새로운 기계의 설치 및 운영에 두 사람이 필요하면 세 사람이 필요하다고 말하라. 이것은 부정직한 것이 아니다. 단지 신중한 것이다.

하지만 금요일이라고 말했건 2주일이라고 말했건 간에, 여유를 두었다고 해서 힘들이지 않고 일해도 된다거나 그 여유분을 다 써 버려도 좋다는 뜻은 아니다. 반드시 그 일을 예산에 맞추어 약속보다 일찍, 약속한 것보다 더 훌륭하게 해내야 한다. 기대에 넘치는 결과를 만들어 내는 것이다. 예를 들어, 보고서를 월요일까지 끝내겠다고 약속했다면 우선 보고서를 끝마쳐야 한다. 단순한 보고서가 아니라 새로운 전제前提를 위한 완전한 실행 계획안을 포함한 것이어야 한다.

또는 일요일 밤까지 전시장을 설치하여 운영할 수 있도록 하는 데 두 사람의 추가 인원만으로 충분하다고 말함으로써 주요 경쟁자가 전시회에서 손을 떼도록 만들 수 있다. 만일 다음 회의 때까지 새로운 브로슈어에 대한 대략적인 제안서를 작성하겠다고 말했다면, 그저 제안서 작성으로만 끝내서는 안 된다. 실물 크기의 총천연색 모형을 만들어야 하고, 완성된 텍스트를 작성해야 하며, 교정도 끝내야 하고, 모든 사진 자료를 첨부하여 비용과 견적에 대한 내용을 사람들에게 나누어 줄 프린트로 만들어 놓아야 한다.

하지만 반드시 도가 지나치지 않도록 하고, 자신에게 주어지지 않은 책임까지 떠맡지 않도록 조심해야 한다. 다시 한 번 말하자면, 명확한 내용을 전달하고자 하는 것은 좋지만 지나쳐서는 안 된다는 것이다. 그렇게 되면 당신의 상관은 앞으로도 그런 수준을 기대하게 될 것이기 때문이다. 그것은 유쾌한 깜짝 쇼가 되어야 한다. 너무 자주 사용되는 전술이 되어서는 안 된다.

회사조직과 그 역할

1) 회사의 심장, 생산팀

제조업체에는 반드시 생산팀이 있다. 생산팀은 상품을 생산하는 심장부에 해당한다. 생산팀의 책임과 역할은 제조업체의 중심적인 존재라고 할 수 있다. 생산팀의 일은 다음과 같다.

- 1개월~6개월의 단기생산계획과 1년~3년에 걸친 장기생산계획의 작성
- 생산계획에 근거하여 설비·자재·인원의 배치계획
- 설비를 배치하고 재료를 조달하여 시방서(示方書)대로 상품 생산
- 생산활동이 계획대로 진행될 수 있도록 관리
- 신제품의 제품화 계획 작성
- 제조원가에 관한 자료와 데이터 정비
- 새로운 기계설비 검토 등

다품종多品種의 상품을 생산하는 경우는 그만큼 거대하고 엄청난 것이다. 연간 생산계획이라도 설비능력이나 인원배치, 공장의 실정 등을 확실히 파악하고 의견을 조정하지 않으면 달성 가능한 계획이 될 수 없다. 또 상품을 생산하는 데는 원재료와 부품, 에너지 석유·전력·가스 등가 필요하다. 생산에 필요한 자료를 필요한 때에, 필요한 품질의 것을, 필요한 양만큼, 적절한 가격으로 구입할 수 있어야 한다. 요즈음에는 외국에서 수입하는 경우도 늘고 있다. 따라서 납기와 코스트와 품질이 잘 관리되어야 하는 것은 물론, 필요한 것을 조금이라도 싼 가격으로 구입하여 원가를 조금이라도 낮추는 것은 자재조달의 대원칙이다.

생산팀에서는 '어떤 상품을 만들 것인가를 연구하는 개발담당, 상품을 만들기 위한 순서나 모양을 설계하는 설계담당, 그것을 만들기 위해 재료를 조달하는 자재담당, 그리고 생산담당, 생산된 상품이 소비자가 원하는 품질을 갖추고 있는지를 체크하는 검사담당' 등 많은 사람이 상품을 만들기 위해 일을 분담하여 서로 협력하고 있다.

대량생산 시대일 때는 제품을 만들기만 하면 잘 팔렸다. 하지만 지금은 적정량을 생산한다. '좋은 물건을 싸게, 필요한 때에 만든다'라는 과제에 부응하기 위해 생산 세부에 창의적인 연구를 적용시켜 생산하는 것이 필요하다. 대량생산 시대일 때는 잔업하는 것이 과제였지만, 이제부터는 잔업을 하지 않는 연구, 사람 손이 가지 않는 연구, 타사제품보다 우월해야 하는 연구, 납기에 맞출 수 있는 연구 등 다종다양한 연구를 하여 타사와 경쟁해가야 한다.

2) 고객 창조, 영업팀

기업은 사회에 필요한 물건과 서비스를 제공하여 사업이 유지·발전하는 것인데, 그 상품이나 서비스를 제공하는 역할을 맡고 있는 것이 영업부문과 영업사원이다. 경제가 고도로 발전하고 기술 수준도 높아지면서 다종다양한 상품이 개발되어 판매됨에 따라 구매자는 적합한 상품을 선택하기가 어려워졌고, 판매자는 수많은 상품 중에서 선택되어야 하는 어려운 상황이 되고 말았다. 앞으로의 영업은 고객에 대해 적절한 어드바이스를 통해 만족할 수 있는 서비스가 되도록 도와주는 것이 필요하다. 즉 고객의 요구를 정확하게 판단하여 제안하는 능력이 큰 비중을 차지하는 시대가 되었다. 이를 위해서는 확실한 상품 지식을 갖춘 역량 있는 영업사원이 있어야 한다.

그런데 'give & take'라는 말이 있듯이 주는 것과 받는 것이 균형 있게 배분되어야 한다. 그저 주는 것이 아니라 상대가 원하는 것을 주어야 하는 것이다. '우선 상대방이 원하는 것을 듣고, 생각한 다음에 준다'라는 말이 있다. 자신의 이익을 생각하기 전에 고객의 이익을 먼저 생각하는 것이다. 실제로 영업부문은 고객이 바라는 것을 제공할 수 있도록 노력해야 한다.

피터 드러커는 기업경영의 목적을 '고객의 창조'라고 정의했다. 또 기업경영의 목적을 이익추구라고 정의하는 사람도 많다. '기업경영의 목적은 무엇인가'라는 질문을 받으면 어떻게 대답할 것인지를 생각해보자. 영업부문이라면 '고객을 만든다'일 것이다. 고객을 만든다는 의미 속에는 '새로운 고객을 만든다'와 '현재의 고객과 더욱 좋은 거래관계를 만들어 유지한다'라는 두 가지의 의미가 포함된다.

3) 회사의 얼굴, 총무팀

총무팀은 외부에 대한 회사의 얼굴이고, 내부에서는 각 부문을 연결하는 연결핀이다. 고객응대, 서무사항, 인사노무를 포함한 폭넓은 일을 담당한다. 총무부문 담당책임자의 태도나 각 직장의 작용 여하에 따라서 회사 기능이 관료적이 되거나, 회사의 분위기가 밝게 또는 어둡게 되는 것이다. 총무팀은 회사 업무운영의 절차나 룰을 만드는 곳으로서 경영자의 방침이나 목표를 전달하며, 실질적으로 여러 가지 업무를 담당한다. 그러므로 베테랑이 없는 것도 곤란하지만, 반대로 베테랑인 것을 무기로 해를 끼치는 것도 곤란하다.

총무팀 사원은 남녀를 불문하고 손님에 대한 응대와 대응이 가능한 것 외에도 전 사원의 모범이 되는 직장매너를 실천해야 한다. 정해진 복장을 갖추고 외부에서 걸려온 전화를 전달하는 것이 총무부 담당이라면, 전하는 데 있어서 빠르고 틀림이 없도록 처리하는 정확함이 화제의 중심이 된다.

또 채용에서 급여, 인사 전반을 담당하는 업무도 총무팀이며, 인사나 노무의 복잡한 일도 잘 처리해야 한다. 그만큼 틀림이 없이 정확한 일을 할 수 있는 베테랑이 필요하다.

그리고 각 조직과 조직을 잇는 연결핀의 역할도 해야 하므로 연결사항이나 보고사항을 스피드하게 처리해야 한다. 바빠서 연결이나 보고가 순조롭게 진행되지 않았다는 것은 이유가 되지 않는다. 각자가 회사 전체의 일에 정통해야 하며, 언제라도 응원할 수 있는 것 외에도 연결이나 보고를 빈틈없이 전달하여 타부서의 모범이 되어야 한다.

총무팀은 대외적·대내적으로도 인체의 신경과 같은 중요한 역할을 담당하고 있다. 회사 전체에 신경을 써야 하고, 우편물 하나라도 소홀히 여기지 않고 정확하게 담당부서로 전달해야 한다. 고객은 끊임없이 찾아오고 전화도 쉴 새 없이 걸려온다. 또 청소나 뒷정리 등 어느 것 하나라도 회사에 있어서 없어서는 안 될 중요한 일이 많다.

4) 돈이라는 자원을 관리하는 경리팀

경리팀은 기업의 경영자원인 사람·물건·돈 중에서 돈을 관리하는 역할을 담당하고 있다. 매출이 발생하면 빠른 시기에 대금을 회수해야 한다. 회수된 대금은 원자재의 지불이라든가 급여 등의 인건비, 기업이 운영되기 위해 발생하는 갖가지 경비 등을 지불한 후 매출과 경비의 차이가 곧 이익이 되는데, 이익은 현금이라는 형태로만 남는 것은 아니다. 외상의 증가와 재고의 증가로 형태를 바꾸는 경우도 있다.

따라서 돈의 흐름으로서의 경리사무와 재산관리로서의 경리사무가 있다. 매월마다 시산표試算表를 작성하고, 결산에는 손익계산서와 대차대조표 등의 결산서를 작성하여 매듭지어야 한다. 그리고 경영의 실적을 재빨리 알려주어야 한다. 요즘 들어서는 결과를 나타내는 것만으로는 부족하여 자금의 운용과 조달을 분석하여 적절하게 운영할 것이 요구된다. 실적만을 추구하던 지금까지의 경리와는 달리 적극적으로 경영에 참여하여 예산을 세우고 실적과의 대비를 데이터로서 명확하게 하여 금전적인 면에서 낭비나 손실을 엄하게 감시하는 역할도 수행해야 한다.

우선 빠르고 정확하게 계산품목을 처리기장入力하여 계산 원장元帳의 기장을 마치고, 시산표로서의 데이터를 낸다. 회사의 수익성·발전성·안전성 등의 측면에서 결산 데이터를 분석하고 경영활동의 문제점을 유출한다. 금전적인 측면에서 더욱 좋은 경영활동은 어떤 것이 있는가를 제언하는 등, 해야 할 과제는 매우 많다. 특히 결산기를 맞아서는 관계된 모든 단체나 사원들이 경리팀의 일을 주목한다. 사소한 실수도 허락되지 않으므로 긴장감을 갖고 업무에 임하는 것이 바람직하다.

5) 인적(人的) 자원을 관리하는 인사팀

인사팀은 보통 조직이 커지게 되면 총무부 인사과에서 독립하게 된다. 기업은 사람·물건·돈이라는 경영자원을 활용하여 사업활동을 하고 있다. 가솔린이라는 석유자원으로 자동차가 달리는 것처럼 회사는 돈으로 토지·건물·설비기계를 구입하고 원재료를 사들여 사람의 능력에 의해서 가치를 만들어내고 이익을 획득한다.

회사에 있어서 가장 중요한 자원은 사람이다. 돈은 은행에서 빌릴 수 있고, 재료도 얼마든지 주변에서 구할 수 있다. 그렇지만 사람만은 그렇게 할 수 없다. 그래서 대부분의 기업에서 공채를 통해 인재를 찾고 있지만 생각처럼 쉬운 일이 아니다. 회사에 있어서 가장 중요한 자원인 '사람'에 관한 여러 가지 일을 담당하는 곳이 바로 인사팀이다.

그러면 사람에 관한 일이란 어떤 것인지 알아보면, 우선 채용이 있다. 회사의 인원계획에 근거하여 우수한 인재를 널리 모집하고, 지원자에 대해서 면접 등의 채용절차를 거친다. 한편 일하기 쉬운 환경과 노동조건을 정비하여 급여나 복리후생제도를 갖추고 채용자에 대한 적절한 배속을 정하고, 직장에서 그가 갖고 있는 능력을 발휘할 수 있도록 집단 연수는 현장에서 행하는 OJT 일상업무 수행과정을 통한 체계적이고 지속적인 **교육활동**의 기회를 만든다.

이처럼 인사팀에서는 사원들이 의욕적으로 일하여 능력을 발휘하고 업적을 올릴 수 있도록 중요한 역할을 완수하고 있다. 인사팀이 업무태도를 느슨하게 하면 우수한 인재를 유치할 수 없고, 또 사원의 능력은 현상에 머물게 되고 만다. 인사팀 전원은 이 방침을 잘 이해하고, 인재개발에 흥미와 관심을 갖고 솔선하여 행동하는 것이 그 역할이라 하겠다.

인사팀의 역할은 변하지 않고, 직무의 중심과제는 시대의 변화와 함께 변한다. 취업규칙·급여규칙 등 조직 체제를 효율적으로 유지하기 위한 구조 조성, 규칙 제정이 지금까지의 과제였다면, 현재는 사람의 채용과 교육에 중점을 두고 있다. 회사 10년의 장기적 전망에 서서 인사제도를 생각할 때, 전략의 중요한 기준이 되는 것은 인재이다. 정보사회에서의 경영 전략은 인재가 경쟁의 열쇠를 쥐고 있다고 해도 과언이 아니다. 인사팀의 일은 인재를 모으는 것과 모은 인재의 능력발휘를 생각하는 것이 최대의 과제인 셈이다.

일단 결정되면 거기에 매진한다

'햄릿증후군'이라는 말이 있다. 여러 선택의 갈림길에서 결정을 내리지 못하고 뒤로 미루거나 타인에게 결정을 맡겨버리는 결정장애 상황을 일컫는 말이다. 일상생활에서 '이것을 할까, 저것을 할까' 고민하는 경우가 많이 있다. 인간관계에 있어서도 "저녁에 한잔 할까요?"라고 누군가 권하게 되면 '어떻게 할까' 고민하게 된다. 오늘은 일찍 돌아가서 해야 할 일이 있지만 상대가 권하면 그것을 거절하기가 어렵다. 인간관계인 교제도 매우 중요하기 때문이다. 집에 돌아가서 해야 할 일과 한잔 하는 것이 거의 똑같이 중요하다고 느껴질 때 갈등이 일어난다. 바다로 갈까, 산으로 갈까라는 선택과도 비슷하다.

이러한 상황에서 고민 끝에 교제 쪽을 선택했다고 하자. 어느 쪽을 정하든 집중할 수 없는 경우가 있을 수 있다. 교제를 선택하여 술을 마시러 갔어도 미련은 남아 '나는 의지가 약해'라고 괴로워한다. 또 교제를 거절하고 집으로 돌아가서 집안일을 하면서 '한잔 하러 갈 것을…' 하고 마음이 어지러워 일이 손에 잡히지 않는다. 어느 하나를 선택하고 다른 쪽은 버려야 할 때, 둘 다 잃고 싶지 않은 심리가 작용하여 선택에 혼란이 오는 것이다.

'이것을 할까, 저것을 할까' 하는 선택의 혼란은 일상적인 식사메뉴를 선택할 때도 일어나지만, 중대 문제로 발전하는 경우도 있다. 즉 '회사를 그만둔다'와 같은 문제로 발전하는 경우도 있다. 그때 우리가 자주 하는 선택으로서 그 상황에서 도망치는, 또는 손을 떼고 사태가 호전될 때까지 방치하는 경우가 있다. 즉 선택을 유보하는 것이다. 이러한 방식을 취하면 사태는 정면으로 해결되지 않고, 결국 용기 있는 태도를 취할 수 없게 된다. 일단 유사시에는 도망가는 것이 아닌, 정면으로 향하여 의사결정을 하고 결정한 것에는 전력투구해야 한다. 결정하려고 할 때는 신중히 정하고, 일단 결정한 일에는 매진하도록 한다.

기획은 특별한 사람이 하는 것이 아니다

사람이 지닌 창조성이 하나의 형태가 되어 모인 것이 기획이다. 기획력은 몇 가지의 기능이 통합되어 나타난다. 그러면 개선을 행하는 것도 기획력일까? 그것은 '이상하다. 어떻게 할까'라는 창조성이 작용하고 영감이 생겨서 '이렇게 하면…'이라는 구체적인 개선안이 나오기 때문에 훌륭한 기획력이라고 할 수 있다. 인간에게는 창조력이 있다. 또 창조력을 발휘할 때야말로 정말로 신나고 즐겁다. 기획력은 즐거울 뿐만 아니라 또 다른 설레는 세계를 열어준다. 또 자신이나 회사에 있어서도 중요한 능력인 것이다. 기획력은 상대를 설득시켜 채택되는 것으로서 실현되는 것이므로 단순히 상상력을 움직이는 것만으로는 곤란하다.

기획은 신선한 것, 과거의 것과는 이질적인 진보가 더해진 것, 경험

과 정보가 가미된 것, 회사에 있어서 유리한 것을 생각해내야만 한다. 더 나아가서는 최고경영자에게 제출해도 쉽게 결재가 떨어질 것이라는 자신이 있을 것, 아름답고 알기 쉬운 것 등도 조건이 된다. 기획력을 갖추기 위해서는 평소 기획하는 눈을 갖고 훈련해야 할 필요가 있다.

기획하는 데는 '설득력 있는 문장을 쓴다, 멋진 문장이나 카피를 발견한다, 숫자에 강하고 계수 표현이 가능하다, TV·신문·잡지를 통해서 아름다운 것을 간파한다, 감동을 주는 표현·사진·그림·그래프 등을 빠뜨리지 않는다, 정보를 모을 수 있는 사람들과 사귄다, 전략적인 생각을 한다, 아름답게 쓴다' 등이 중요하다.

상사로부터 이런저런 기획을 의뢰받는 것도 좋은 기회이다. 기획력이 없다고 자신을 탓하지 말고 도전하기 바란다. 젊었을 때부터 시작하면 훌륭한 능력을 키우고 기를 수 있을 것이다. "센스가 있군요"라는 높은 평가를 받는 것은 하루아침에 실현되는 것이 아니므로 조급하게 생각할 필요는 없다. 일단 높은 평가를 받게 되면 자신 있는 분야가 되어 점점 자신감이 생기는 것은 두말할 나위도 없다.

기획서를 작성하라고 하면 머리가 아프다는 사람도 있지만, 보고서를 쓰는 것보다 훨씬 즐겁다는 사람도 있다. 기획하는 것은 기업의 모든 것에서 일상생활의 것으로도 연결된다. 조직이나 조직원들에게 새로운 바람을 불어넣고 기업을 활성화시키는 기획에는 그 나름의 매력이 있어야 한다. 새로운 매력이란 새로운 가치를 발견하는 것, 설득시키는 기술이 있다. 기획은 이제 특별한 부서 사람들 혹은 특별한 지위에 있는 사람들만이 고유하게 하는 업무가 아니다. 기획은 누구나 하는 업무여야 하고 실제로 누구나 기획을 하고 있다. 예를 들어 길거리

행상 아주머니가 자신이 일하는 거리의 자주 왕래하는 사람들의 특성을 잘 파악하여 물건 선정과 영업방식을 구상했다면, 당연히 그 아주머니는 다른 행상인보다 기획을 잘했다고 말할 수 있는 것이다.

건강한 조직이란

사람도 건강한 사람과 병든 사람이 있듯이 회사도 건강한 회사와 그다지 건강하다고 할 수 없는 회사가 있다. 또 직장도 생동감 넘치는 직장과 힘없는 직장이 있다. 건강한 사람은 활력이 있으며 적극적이다. 직장에는 그 조직 특유의 분위기가 있다. 어수선한 분위기의 직장 환경보다는 결속력 있고 통합된 직장 환경이 목표를 달성하는 데 빠르고 효율적이다. 직장이 목표를 달성한다는 큰 과제가 있는 한, 목표 달성을 위해서는 어떠한 직장 풍토가 효과적인가 하는 것이 중요한 주제이다.

조직이 활성화되어 있는 곳은 우선, 직장 분위기가 밝고 활기차게 일하고 웃는 모습이 생활화되어 있다. 활성화되어 있지 않은 직장은 어둡고 메마른 분위기에 직원 간의 친근감이 없으며 기분 좋은 인사도 없다. 활성화되어 있지 않는 직장은 지각이나 결근이 많은데 비해 모두가 활동적으로 일하는 밝은 직장에서는 지각하는 사람을 별로 찾을 수 없다. 모두가 일찍 출근하고, 가령 늦을 경우에는 사전에 얼마 정도 늦는다고 연락을 하고 서로 공유한다. 활성화되어 있지 않는 직장에서는 쉬는 사람이 많고, 회사에 가도 재미라든가 즐거움이 없다. 이처럼 조직의 구성원 누군가의 병든 태도나 행동이 주변에 좋지 않은 영향을 주고, 그것이 점점 전염되어 직장 전체가 병들어가는 것이다.

그 반대로 각자가 활기 있는 태도와 행동을 염두에 두면, 직장 전체가 건강을 되찾고 그것을 유지할 수 있다. 직장의 활력은 각자의 태도와 마음가짐에 미묘한 영향을 준다. 병든 상태를 희망하는 사람은 한 사람도 없다. 건강한 직장이 되도록 각자가 힘쓰고, 활력 있는 태도로 직장에 더욱 좋은 영향을 주도록 서로 노력하자.

 **건강한 조직에서 볼 수 있는 공통점**

- 목표가 분명하고 모두가 달성 가능한 목표라고 생각하며 그 달성을 위해 노력한다.
- 조직 내에서 적절한 대화가 진행된다.
- 말하고 싶은 것을 말할 수 있는 분위기이다.
- 개인의 능력이 발휘되며 일하는 보람을 느낀다.
- 회사의 업적 향상에 공헌하고 자신의 성장과 업무역량도 향상시킨다.

논쟁이 아닌 쌍방이 납득할 수 있는 대화

직장에서 회의할 때 논쟁하는 일이 자주 있다. 논의論議는 피하는 것보다 활발하게 행해지는 것이 바람직하지만, 그 방식에 따라서는 인간관계를 깨뜨리고 조직의 협조를 혼란시키기 때문에 주의가 필요하다.

논의에는 두 가지 형태가 있다. 하나는 논쟁이고, 다른 하나는 토의이다. 논쟁은 상대를 공격하여 우세한 입장에 서려는 싸움이다. 토의는 의견이나 지식의 교환으로서 협력을 목적으로 하는 상호 이해에 이르기 위한 것이다. 논의는 종종 감정적이 되거나 논쟁이 되기 쉽다. 상대를 이기기 위한 것이 목적이 되어 인간관계를 망칠 수도 있다. 이러한 논쟁은 쌍방이 자신의 욕구를 채우기 위한 것일 뿐 진정한 대화는 될 수 없다. 마치 두 대의 스피커가 울리고 있는 것과 같다. 논의에서 이겼다고 해도 진 상대는 결코 승복한 것도 납득한 것도 아니다. 오히려 적이 되어버리거나 두 번 다시 논의하려고 하지 않게 된다. 협력시켜야 할 상대를 적으로 만든 것은 이쪽의 패배라고 할 수 있다. 진정으로 이기는 것은 상대의 협력을 받아 목적을 달성하는 방향으로 쌍방이 더욱 좋은 방식을 발전하는 것이다.

논의가 논쟁으로 발전하는 것은 사고방식의 차이보다는 이야기하는 방식에 의한 것이 많다. 그러므로 논의할 때는 흥분하거나 상대를 깔보는 듯한 언행은 삼가야 한다. 만약 자신의 사고방식이나 의견이 정말로 옳다고 믿으며 그것을 타인으로 하여금 이해시키고자 한다면, 상대를 세워주고 자존심에 상처주지 않도록 노력해야 한다. 그저 자신의 욕구를 만족시키는 것이 아니라, 과제를 좀 더 잘 달성하기 위해 상대의 이야기에 귀 기울이고, 양보해야 할 것은 양보하고, 겸허하게 받아들여 제3의 길을 구하는 자세로 이야기를 진행시켜야 한다.

상호이해를 돕고 일을 창조적으로 수행하는 방법으로는 '적극적 경청'이 있다. 적극적 경청이란 이야기하는 사람의 말이나 태도를 통해서 그 이면에 있는 구조라든가 사고방식을 바르게 이해하는 것이다. 경청하는 것에 의해서 화자話者를 더욱 좋은 방향으로 해결의 실마리를 잡도록 도와준다. 적극적 경청은 '공감적 이해, 수용의 정신, 성실한 태도'로 대화하는 것을 기본으로 한다.

명심하라 회사는 학교와 다르다

공부하기 위해 입학하는 학교와 일하기 위해 입사하는 회사는 근본
적으로 다르다. 그렇다면 학생과 사회인은 어떤 점에서 다른지 생각해
보자. 우선 학생은 돈을 내는 입장이고 회사원은 돈을 받는 입장이다.
학창시절에는 수업료를 내고 공부하지만 사회에 나오면 급여라는 형태
로 돈을 받는 정반대의 입장에 서게 된다. 이 입장의 차이는 큰 의미를
지닌다. 돈을 지불하는 것은 그 대가로 어떤 권리를 얻는 것이고, 돈을
받는 것은 어떤 의무를 부담해야 하는 것을 의미하기 때문이다. 권리
로 인해서 무언가를 할 수 있는 힘을 가지는데, 그 권리를 행사하느냐,
안 하느냐는 전적으로 그 사람의 자유이다.

가령 전철역에서 1,250원을 내고 승차권을 샀다고 하자. 그럼 나는
1,250원어치만큼 전철을 탈 수 있는 권리를 얻게 된 것이다. 그런데 전
철은 혼잡하고 짐도 무거우니 택시를 타야겠다고 생각하고 승차권을
쓰레기통에 버렸다면 그 표가 무척 아까울 것이다. 하지만 역무원이든
누구든 그 행위를 야단치거나 처벌할 수는 없다. 물론 역무원이 "창구
에 승차권을 내면 돈을 반환해 드립니다"라고 알려줄 수는 있지만 처벌
할 수는 없다. 왜냐하면, 돈을 주고 승차권을 산 이상 전철을 타든 안
타든 그것은 어디까지나 그 사람의 자유이기 때문이다. 이처럼 수업료
를 낸다는 것은 수업에 출석하여 강의를 들을 수 있는 권리를 얻는 것
을 의미하지만, 권리의 행사는 그 사람에게 달려 있으므로 수업을 받
건 안 받건 그것은 학생의 자유이다. 하지만 수업에 출석하지 않으면

선생님에게 주의를 받고 부모님에게 꾸중을 듣는다. 그 후에도 계속 학교에 나오지 않으면 상급학년으로 올라가지 못하거나 졸업하지 못할 수도 있다.

회사에서 월급을 받으면서 제대로 일하지 않으면 책임을 다하지 못한 것에 대한 책임을 져야 한다. 이것이 권리와 의무의 다른 점이고, 학교와 회사의 가장 큰 차이점이다. 따라서 학교는 어느 정도 결석할 수도 있지만, 회사에서는 무단으로 결근하는 것은 허용되지 않는다. 월급을 받고 있으므로 일할 의무가 있기 때문이다.

'회사에서의 일'이란 엄격한 것이다. 이 점을 분명히 새겨두어야 한다. 가령 독감을 1주일 정도 앓았다고 하자. 학교를 1주일간 결석했다면 피해를 보는 사람은 학생 자신이다. 1주일 동안 수업을 듣지 못했으니까 다른 학생을 따라가기 위해서는 그만큼 더 노력해야 한다. 하지만 다른 학생들에게 피해를 준 것은 아니다. 결석을 하든 안 하든 다른 친구들이 공부하는 데에는 아무 상관이 없다. 그러나 회사는 다르다. 비록 독감에 걸려 사정이 부득이한 경우이긴 하지만 1주일 동안이나

회사에 나가지 않으면 피해를 받는 것은 조직과 동료들이다. 한 사람의 결근으로 인해 회사 전체의 일을 미루거나 거래처에 손해를 끼칠 수는 없으므로 그의 업무를 몇 사람이 나누어 분담하지 않을 수 없다. 결국 직장동료들과 선배들에게 더 많은 업무를 부담시키거나 업무를 지연시키는 피해를 끼치게 되는 것이다. 그래서 회사는 학교만큼 편한 마음으로 쉽사리 쉴 수도 없다. 게다가 무계획적으로 자주 휴가를 낸다거나 결근하면 직장동료들도 썩 좋아하지 않게 되고 결국엔 일하기 어려운 직장이 될 수 있다. 따라서 항상 자신의 건강에도 유의해야 하며 컨디션 관리도 잘 해야 한다.

인간관계에 있어서도 학교에는 꽤 자유가 있다. 예를 들면, A라는 친구를 좋아하고 B라는 친구를 싫어한다고 하자. 학교에서는 A하고만 교제하고 B와는 말을 하지 않으면 그것으로 그만이다. 그러나 회사에서는 그것이 허용되지 않는다. B와 둘이 협력해서 일을 하라는 지시를 받았는데, "나는 A가 좋으니 A와 같이 하게 해주십시오"라고 말한다면 상사에게 좋은 말을 기대하기는 힘들 것이다. 좋아하지 않는 사람과도 협력해 가면서 얼굴을 맞대고 일을 해나가야 하는 것이 사회이고 회사이다.

이제 막 회사에 입사한 사람이라면 가능한 한 주위를 세심히 눈여겨볼 필요가 있다. 자신이 일하는 곳의 환경을 잘 파악할 필요가 있다. 환경과 규칙을 먼저 파악하는 것이 순서이다. 이곳에서는 어떤 것을 중요하게 여기는지, 선배들은 어떻게 행동하는지, 당장은 '이건 아니야'라고 생각되는 것이 있다면 생각의 결정을 일단 미루는 것이 좋다. 무엇인가 판을 바꾸고 싶다면 환경과 주변을 확실히 파악한 후에 시작해도 늦지 않다. 왜냐하면, 내가 아니라고 생각하는 방법을 이곳에서 쓰고 있는 이유가 있을 수도 있기 때문이다. 이는 주위 사람들과 좋은 인간 관계를 맺는 한 방법이기도 하다.

회사의 매출을 올리기 위해서는?

회사가 이익을 얻기 위해서는 일정량 이상의 매출이 필요하다. 매출이 증가해야 비로소 이익도 생기는 것이기에 아무리 경비 삭감에 힘써도 매출이 적으면 이익은 별로 없다. 따라서 원가와 경비를 조달할 수 있을 만큼의 매출을 달성하지 않으면 안 된다. 또 이익을 올린다든가 목표 이익을 달성한다고 해도 매년 같은 액수의 이익을 올리는 것만으로는 불충분하다. 급여를 비롯한 경비가 매년 상승하기 때문이다. 경비가 증가하는 한 매출도 증가해야 하며, 그렇지 않으면 회사의 경영은 곤란을 겪게 된다. 따라서 매출은 10억 → 12억 → 14억 하는 것처럼 매년 증가해가는 것이 바람직하다. 그리고 원가나 경비의 신장률 이상으로 매출을 신장시켜야 한다. 회사의 건강상태라는 관점에서는 올해 5%, 내년 7% 향상과 같은 신장률이 바람직하다. 가만히 있는 것만으로는 매출이 향상되지 않는다.

경쟁사회 속에서 회사의 매출을 올리기 위해서는 첫째, 그것에 상응하는 노력이 필요하고 그 노력에는 여러 가지가 있겠지만 기본적으로 염두에 두어야 할 것이 있다. '소비자가 지금 무엇을 원하고 있으며, 어떤 것에 관심과 흥미를 갖고 있는가'를 설문조사 등을 통해 정확하게 파악하고, 소비자에게 인기 있는 상품과 서비스를 제공하는 것이다.

둘째, 적절한 가격에 판매한다. 아무리 소비자에게 인기 있는 상품이나 서비스라 해도 해마다 가격이 오른다면 잘 팔리지 않을 것이다. 따라서 끊임없이 원가절감에 힘쓸 필요가 있다. 또 애프터서비스가 좋지 않으면 소비자는 두 번 다시 자사제품을 사지 않는다. 업적이 좋은 회사는 어디에서든지 애프터서비스를 중시하고, 일단 자사제품을 구입하면 제품을 언제까지나 사용할 수 있도록 서비스를 함과 동시에 계속하여 자사제품을 구입하게 하도록 연구해야 한다. 고객을 창조하고 고객과 오랜 시간 거래를 실현하는 것은 판매활동의 제일선에서 활동하는 영업사원의 활동에 달려 있다. 한 사람 한 사람의 업적이 회사 전체의 업적에 연결되는 것이다.

또한 전년도의 매출에 그쳐서는 아무런 진보가 없다. 전년대비 매출 향상을 하나의 기준으로 하는 이유가 바로 여기에 있다. 업적이 생각처럼 쉽게 오르지 않으면 불경기 탓으로 돌리기가 쉽다. 그렇다고 호경기라고 해서 무조건 업적이 오르는 것은 아니다. 호황이라도 업적이 오르지 않는 회사가 있고, 불황 중에도 좋은 업적을 달성하는 회사가 있다. 경기에 영향받을 것이 아니라 경기를 이용할 수 있어야 한다. 경기가 상향일 때는 조금만 노력해도 매출을 신장시킬 수 있다. 반대로 경기가 하락하기 시작하면 보호경영을 철저히 하여 타사에 뒤처지지 않는 세심한 판촉활동을 도모해야 한다.

아무리 매출이 신장되어도 판매대금이 회수되지 않으면 아무런 소용이 없다. 대금이 회수되어야 비로소 매출이나 판매실적이 의미를 갖는다. 대금회수의 의미를 알고 이해를 깊게 하여 실행해야 한다. 기업은 판매대금 가운데 원재료비와 인건비를 지불하고 이익을 내는 것이다. 대금이 회수되지 않으면 원재료비와 인건비를 지불할 수 없게 되므로 금융기관에서 빌려 지불해야 한다. 그러면 이자가 붙어서 돌아온다. 지금 외상대금이 1억이 있다고 가정하면, 이 금액이 대금미회수 금액이다. 원재료비와 인건비 지불이 기다려준다면 괜찮지만 그것은 기다려주지 않는다. 3천만 원은 기다려준다고 해도 나머지 7천만 원은 차입금으로 조달해야 한다. 차입금이 많으면 많을수록 지불이자도 가산되며, 그것은 경영을 압박하게 하는 상황으로 돌아오게 되는 것이다.

영업부의 입장에서는 가장 먼저 판매목표를 달성해야 하지만 그저 매출을 달성하는 것에만 급급해서는 안 된다. 판매대금을 회수하는 것에도 그만큼의 에너지를 투입하는 것이 필요하다. 영업 성적이 좋다는 것은 대금회수를 정확히 하고 있다는 것이다. 그러므로 거래처로부터 "지불을 10일 정도만 연기해 달라"는 부탁을 받았을 때 즉시 OK 해서는 안 되는 것이다. 한번 OK를 하게 되면 그다음의 거래도 지불기한이 점점 연기될 우려가 있기 때문이다. 지불태도가 나쁜 거래처에는 기한을 넘기지 않게 지불을 재촉할 필요가 있다. 확실하게 회수해두는 것이 다음 매출에도 연결되기 때문이다.

　예를 들어, 200만 원의 매출을 여분으로 올렸어도 100만 원의 대금 회수 불능을 일으켰다면 그것을 커버하는 것이 불가능할 수 있다. 경상이익률이 5%인 회사에서는 1천만 원의 매출이 있어야 50만 원의 경상이익을 확보할 수 있다. 100만 원의 이익을 내고자 한다면 숫자상 2천만 원의 매출이 필요하다. 그렇다고 2천만 원의 매출을 여분으로 하려고 하면 생산공정은 혼란에 빠지고 많은 노력이 필요하게 된다. 또 그 매출에서의 회수도 또한 염려해야 한다. 매출이 오르지 않는다면 제일 먼저 대금회수가 있어야 매출이 있다고 생각해야 한다. 따라서 판매를 했어도 판매대금이 회수되지 않으면 회사가 원활하게 돌아가지 않는다는 것을 인식해야 한다.

회사의 업적을 판단하는 기준으로 경상이익이 있다. 영업이익에서 영업외수지를 가감한 것을 경상이익이라고 한다. 정확하게는 본업의 이익을 나타내는 영업이익에 배당수입 등 영업외수입을 가산하고 거기에서 은행에 대한 지불이자 등의 영업외지출을 차감한 것이 경상이익이다. 경상이익은 회사 전체로 보았을 때 이익이 남는가를 나타내는 지표라고 할 수 있다. 보통 이익이라고 하면 이 경상이익을 가리킨다. 경상이익이 흑자가 되기 위해서는 영업이익과 영업외수지 모두가 흑자인 것이 바람직하다. 그러나 영업이익은 적자이지만 그 적자를 커버할 수 있을 정도의 영업외수지가 플러스될 때라든가, 또는 영업외수지가 적자이더라도 그보다 본업의 영업이익이 클 때에는 흑자가 된다. 경상이익은 다음 세 가지의 의미를 지니고 있다.

첫째, 우량회사인가 아닌가 하는 판단기준이 된다. 회사는 이익이 있어야만 그 존재의미를 갖는다. 경상이익이 플러스인지 마이너스인지, 또는 플러스의 정도는 어느 정도인지가 우량회사로서의 판단 기준으로 유력한 자료가 된다.

둘째, 경상이익의 고저高低로 주식에 대한 배당이 결정된다. 경상이익에서 법인세를 제외한 나머지 많은 부분이 배당이라는 형태로 주식에 환원된다. 배당이 많으면 많을수록 주주에게는 좋은 것이고 높은 배당이 가능한가 하는 것은 경상이익의 크기에 따라서 결정된다. 주주에게 있어서 경상이익의 크기는 대단한 관심사이다. 경상이익이 적자가 되면 경영자는 주주에게서 경영책임을 추궁당하게 되기 때문이다.

셋째, 경상이익은 회사의 이익이나 지불능력을 나타내는 지표이므로 승급이나 보너스에 큰 영향을 준다. 이처럼 회사가 강하다는 것은 주주나 사원에게 충분히 환원되는 이익을 올리는 것이므로 사원들의 활동이 축적되어 회사의 업적으로 나타나는 것이다.

회사의 이익에는 매출 총이익, 영업이익, 경상이익, 법인세차감전이익, 당기순이익이 있다. 그밖에 순이익은 매출에서 구입을 뺀 이익이다. 매출에 대해서 이익이 많은가 적은가를 비교할 때 매출액이익률이 사용된다. 자본에 대한 이익도 간과할 수 없는 중요한 지표이다.

커피숍을 예로 들어보자. 스탠드식의 가게에서는 가격을 낮추어도 많은 사람을 소화할 수 있다. 이익률은 낮지만 회전율이 좋은 경우 이익액이 커진다. 자본과 회전율, 그리고 이익률로 회사의 이익이 산출된다. 회사경영의 상황을 계수로 표시하는 경상이익에 관해서 관심을 가지고 회사의 업적을 이해해야 한다.

예산을 유지하고 경비절약에 힘쓴다

제품을 생산하고 판매하기 위해서는 여러 가지 경비가 필요한데 이것을 영업경비라고 한다. 경비는 원재료와 상품조달비를 비롯한 사원이나 파트타임의 인건비, 상품운반비, 광고홍보비, 기계설비의 감가상각비, 은행에서의 융자이자 등 매우 다종다양하다. 제조하기 위해서 필요한 경비는 제조원가이지만 여기에는 원재료, 부품, 제조한 사람의 인건비 등이 포함된다. 판매를 하기 위한 회사의 운영에는 일반관리 판매비로서 영업경비와 관리를 위한 인건비와 수도광열비 등이 포함된다.

어느 회사나 연초에 각각의 경비를 구분하여 예산을 세운다. '원재료는 50톤 구입하고 비용은 20억 원으로 한다'라든가, '인건비는 사원 5억 원, 아르바이트 5천만 원으로 한다', '광고비는 3천만으로 한다'라는 결정을 하게 된다. 경비를 줄이면 줄일수록 이익은 증가한다. 경비를 어떻게 줄이는가 하는 것이 경영의 큰 포인트이긴 하지만 지나치게 줄이다 보면, 운영을 할 수 없게 되기도 한다. 그러므로 당초 예산의 틀을 벗어나지 않는 범위 내에서의 적절한 경비는 필요하지만 방심은 금물이다. 교제비라든가 광고선전비와 교통비 등만 보더라도 조금만 방심하면 금방 늘어난다는 것을 알 수 있다. 한 부서에서만이라도 예산을 넘지 않고 경비를 줄이면 회사 전체의 입장에서 볼 때 큰 액수의 경비절감이 된다. 비즈니스에 있어서 필요한 경비는 필요에 따라 써야 하지만 결코 낭비가 있어서는 곤란하기 때문이다.

 **그렇게 절약해도 구조적으로 벌이가 안 되는 장사라고 한탄하는 사람들이 있다.**

그것은 손익분기점이 높기 때문이다. 손익분기점을 산출하려면 다음과 같이 해야 한다. 매출원가를 변동비(상품 하나를 만들 때 발생하는 원가, 재료비, 가공비, 수수료 등)와 고정비(매출에 관계없이 필요한 경비, 임대료, 감가상각비, 일반관리비 등)로 구분한다. 또 변동비의 매출에 차지하는 비율을 변동비율이라 한다.(변동비÷매출액)

손익분기점은 고정비÷(1−변동비율)로 산출된다. 손익분기점의 매출액을 달성하지 않으면 이익이 나오지 않는다.

생산성은 효율적 경영의 척도이다

생산성이란 무엇인가? 생산성이라는 것은 input과 output의 비율이다. 자원의 투입에 대해 얼마만큼의 성과가 얻어지는가를 나타내는 지표로서, 회사의 건강진단에 사용되는 유력한 지표이다. 투입요소를 노동사람과 자금금전으로 나누어 생각하면, 얼마만큼의 노동을 투입하여 얼마만큼의 산출이 얻어졌는가를 측정한 것이 노동의 생산성이다. 부가가치라는 단어도 생산성과 불가분의 관계에 있는 기업의 성과를 측정하는 척도이다.

부가가치란 기업이 제조판매의 과정을 통해서 만들어낸 가치이다. 고객이 가치를 인정해준 금액인 것이다. 구체적으로는 판매액에서 외부구입 가격을 차감한 것이다. 예를 들면, 한 개 천 원인 부품을 다섯 개 구입하여 그것을 가공해서 완성된 제품을 한 개당 2천 원씩에 판매했다고 하자. 판매한 합계금액은 1만 원이므로 1만 원에서 구입원가 5천 원을 차감하면 부가가치는 5천 원이 되는 것이다.

생산성을 측정하는 지표로서 일인당 생산액 또는 부가가치, 한 시간당 생산액 또는 부가가치, 기계 한 대당 생산액 등이 있다. 또 인건비 대 부가가치비율이라 하면 부가가치에 차지하는 인건비의 비율이다. 일인당 연간부가가치 그리고 일인당 연간이익 등이 자주 사용되는 지표이다. 일인당 매출액이나 부가가치 생산성이 동일한 업종의 다른 회사와 비교했을 때 다른 회사보다 많으면 다른 회사에 비해 경쟁력이 있다고 평가된다. 이와 반대로 적은 경우는 문제다. 회사의 건강상태가 점점 나빠진다는 것을 나타내기 때문이다.

　이처럼 생산성은 회사가 얼마만큼의 가치를 산출하는가 하는 지표이므로 매우 중요한 것이다. 생산성을 높이는 것에서 이익이 산출되고, 동일한 상품을 만드는 데 있어서 생산성이 향상된다는 것은 짧은 시간 내에 상품생산이 가능하다는 것이다. 생산성이 높으면 높을수록 짧은 노동시간으로 고수입이 얻어진다.

　투입액과 산출액의 관계로 생산성이 정의된다. 종전에는 더욱 많은 생산성을 높이려고 할 때 노동을 강화하는 수단을 썼다. 노동시간을 연장하고 사람을 많이 투입하여 생산성을 높였다. 이제부터는 노동을 투입하는 대신에 지혜를 투입하여 생산성을 높여야 한다. 한 사람 한 사람의 지혜를 투입하여 부가가치를 산출하는 것이다. 우리나라가 국제경쟁력을 강화하기 위해서는 높은 생산성을 실현시켜야 하는 것도 마찬가지의 이치이다.

03

직장에서의
인간관계와
커뮤니케이션

어 떻 게
인정
받을 것인가

직장에서 좋은 인간관계를 유지하는 방법

인간관계란 사람과 사람 사이의 관계이며 그 교류방법을 말한다. 우리가 하는 일은 '혼자 하는 일이 아니다'라는 대전제를 항상 염두에 두어야 한다. 기억하라. 내가 필요로 하는 것들은 다른 누군가가 가지고 있을 수 있으며, 다른 누군가가 필요로 하는 것은 내가 가지고 있을 수 있다. 성과를 내기 위해서는 다른 사람의 도움이 필요하고, 인간관계가 그 바탕이 되어야 한다.

직장생활을 하면서 인간관계가 얼마나 중요한 것인가를 깨달은 것은 첫 직장에서 인사 부문에서 일했을 때였다. 그때 내가 놀랐던 이유는 애써 채용한 신입직원들의 1년 미만 퇴사율이 매우 높다는 것이었다. 그들의 사직 이유를 보면 '개인사정' 또는 '적성에 맞지 않아서', '집이 멀어 출퇴근이 너무 힘들어' 등 속내를 알 수 없는 것들뿐이어서 특

별한 이유를 알기가 쉽지 않았다. 그래서 나는 퇴직 이유가 무엇인지 실제로 조사를 해본 적이 있다. 조사 결과 1년 이내에 퇴직하는 직원의 70%가 '직장 내에서의 인간관계'가 문제가 되었다는 사실을 알게 되었다. 그럼 그들은 왜 그 사실을 감추었을까? 답은 간단하다. 인간관계는 어디까지나 개인적인 문제로 본인만 회사를 그만두면 그것으로 끝난다고 생각하기 때문이다. 때로는 솔직하게 퇴직하는 이유를 밝혔다가 상사의 개입으로 오히려 곤경에 빠져 안 좋게 회사를 나가는 경우도 보았다.

인간관계로 인해 문제가 생기는 상대는 상사이기보다는 한두 살 연상의 선배나 동료들일 경우가 많다. 직장에서 하루 종일 얼굴을 맞대고 있어야 하는 사람들이다. 처음 입사하는 신입들은 일이 어느 정도는 힘들 것이라는 각오를 하고 들어온다. 그렇지만 분위기만큼은 좋았으면 하는 기대를 갖는다. 그런데 생각지도 못한 인간관계로 고통을 받게 되면 어쩌지 못하고 회사를 그만두고 나가는 것이다. 한 번 악화된 관계는 회복하기가 매우 힘들기 때문이기도 하다.

그렇다면, 즐겁게 일할 수 있는 일터를 만들고, 서로 협력하면서 일을 해나갈 수 있는 인간관계를 형성하기 위해서는 어떻게 해야 하는 것일까. 먼저 직장 내에서의 인간관계에 있어 기본이 되는 사항에 대해 살펴본 다음 동료, 상사, 후배로 나누어 좀 더 구체적으로 알아보기로 하자.

1) 동료를 도우려는 마음 자세를 가져라

남을 도와주려는 마음은 인간관계에 있어 특히 중요하다. 남을 도와주려는 마음을 가진다는 것은 자기 입장만을 고집하는 것이 아니라 상대방의 입장에 서서 생각하고 사물을 판단하는 여유를 가진다는 것을 말한다. 이런 마음의 여유가 없으면 대화는 무미건조해지고 주위사람들로부터 자기밖에 모르는 이기적인 사람이라는 비난을 받기 쉽다. 그래서는 결코 좋은 인간관계를 만들 수 없다. 하지만 상대방의 입장에서 생각한다는 것은, 말처럼 그리 쉬운 일이 아니다.

첫째 아이가 아주 어렸을 때의 일이다. 아이와 나들이를 갔다 집으로 돌아오는 길이었다. 버스정류장에는 사람들이 북새통을 이루고 있었다. 긴 기다림 끝에 타야 할 노선버스 한 대가 도착했다. 하지만 줄 뒷부분에 서 있었던 우리는 앞에 선 사람들이 많아서 그 차를 탈 수 있을지 없을지 걱정이 되었다. 줄이 조금씩 줄어들면서 버스 안을 살펴보니 겉으로 보기에는 꽉 차 있는 듯했지만 뒤쪽으로 조금씩만 더 들어가면 몇 사람은 더 탈 수 있어 보였다. 그때 우리 뒤에 서 있던 덩치 큰 남자가 그걸 보고는 "좀 더 들어가세요! 모두 타야 하잖아요!" 하고 고함을 쳤다. 덕분에 우리는 그 남자와 함께 버스를 탈 수 있었다. 버스에 탄 뒤 한숨을 돌리고 창밖을 내다보니 아직도 많은 사람이 줄을 서 있었다. 버스 밖에서 줄을 서 있던 사람 중에 한 사람이 "좀 더 안으로 들어가세요! 같이 탑시다"라고 소리쳤다. 그러자 내 옆에 서 있던 그 덩치 큰 남자가 "이젠 더 못 들어가요!" 하고 큰소리로 대꾸했다. 나는 그 말을 듣고 그만 큰 소리로 웃고 말았다. 사실 나도 금방 그 사람과 똑같은 생각을 하고 있었기 때문이었다. 버스 밖에 있을 때는 '좀 더 안으로 들어가라'고 소리치던 사람이 일단 차를 타고 나니 이제는 '더 이상 못 탄다'고 말하는 상황인 것이다. 어쩌면 이것은 누구나 마찬가지인지 모른다. 이처럼 상대방의 입장에 서서 생각한다는 것은 그리 쉬운 일이 아니다. 하지만 그것이 어렵다면 적어도 상대방을 '헤아려주는 마음'만은 가지고 있어야 할 것이다.

성경에 "남이 내게 해주기를 바라는 것처럼 남에게 해주어라. 그리고 남이 내게 하지 말았으면 하는 것을 남에게 하지 말라"는 말이 있는데, 이것이 바로 남을 '헤아려주는' 마음이라 생각한다. 다른 사람을 헤아려주는 마음은 남의 입장을 존중해주는 넓은 마음과 정신적인 여유, 그리고 풍부한 경험이 바탕이 되어 생겨난다. 자기 일밖에 모르는 시야가 좁은 사람은 많은 경험을 쌓음으로써 남을 헤아려주는 마음을 배워야 한다. 많은 경험을 하기가 어려울 경우에는 여러 경험을 한 사람과 사귀어 배울 수도 있다.

2) 자기 관리를 하라

'자기 관리라는 말을 예전에는 영어로 Self-control로 표기한 적이 있었다. 한데 지금은 Self-Management로 표기한다. 전에는 자기 자신을 컨트롤하는 것이었지만 지금은 내려누르는 컨트롤이 아니라 말 그대로 나를 알고 스스로를 경영한다는 뜻이다. 자기 관리를 사람에 따라 여러 가지로 나누기도 하지만, 여기서는 꼭 필요한 세 가지만 이야기하겠다.

자기 관리의 첫 번째는 자신의 컨디션을 잘 관리해야 한다는 것이다. 몸이 약하거나, 업무 외 친구들의 모임 일정으로 인해 몸이 피곤해 있거나 해서는 곤란하다. 컨디션이 안 좋은 상황에서는 당연히 집중력이 떨어지거나 누군가에게 짜증을 내기 쉽다.

두 번째는 감정 관리이다. 몸의 관리에 못지않게 중요한 것이 감정 관리이다. 요즘은 감정근로자라는 말이 생겨날 정도로 일을 하는데 감정을 많이 소모한다. 한데, 자기감정을 풀기 위하여 생각하지도 않고 바로 직접적으로 말이나 행동으로 표출하면 주위사람들에게 상처를 줄 수 있다. 평소 자기감정을 잘 살펴야 하고 표현할 때는 남을 헤아려 주는 마음에 한 번 정도는 생각하고 전달하는 습관을 가지도록 노력해야 한다. 감정 관리란 자기감정을 억제하는 것만으론 되지 않는다. 계속 억제만 하면 마음이 불안해지고 건강에도 좋지 않은 영향을 끼치게 된다. 그러므로 불만이나 화가 나는 일이 있으면 스포츠나 음악, 취미 등으로 적당히 감정을 해소하고 다른 곳으로 전이시킬 수 있어야 한다. 감정을 무조건 억제만 하면 좋지 않은 결과를 초래하여 자기 자신도 도저히 감당할 수 없는 지경에 이르게 되기도 하기 때문이다. 감정 관리란 경험이 쌓이면서 어느 정도 수월해지기도 하지만 혈기 왕성한 젊은 사람들에게는 그다지 쉬운 일이 아니다. 무엇보다 업무를 해내기 위한 팀워크를 만들기 위해 자기 자신을 조절할 줄 알아야 한다.

자기 관리의 세 번째는 시간 관리이다. 우리는 너무나 바쁜 일상 속에 던져져 있다. 그런데 시간만큼은 항상 누구에게나 정직하다. 누구는 하루를 23시간 쓰고, 누구는 하루를 25시간 쓰는 것이 아니다. 누구에게나 공평하게 24시간이 주어진다. 내가 원하는 긴 시간을 여행이든 휴가이든 만들어내기 위해서는 시간 관리가 필요하다. 시간 관리는 간단하지만 누구나 할 수 있는 것은 아니다. 즉, 마음만으로 될 수 있는 것이 아니라, 시간 관리를 하기 위한 연습과 노력이 필요하다는 것이다.

일단 내가 쓰는 시간을 알아야 한다. 알기 위해서는 기록해야 한다.

분단위로 주말을 포함하여 3~4일을 기록한다. 그리고 시간을 어떻게 쓰고 있는지 분석한다. 비슷한 일끼리 시간을 모아 보면 내가 어디에 시간을 가장 많이 쓰고 있는지 알 수 있을 것이다. 그리고 짧게 쓰는 시간들은 계획을 세울 때 한쪽으로 몰아서 처리하도록 한다. 불필요하다고 생각되는 시간을 줄이면 된다. 시간은 한정되어 있는 것이기 때문에 더 늘일 수는 없다. 그 안을 차지한 다른 것들을 줄여 나가는 것이다. 그러면 그 밀려간 시간만큼 시간의 공간이 생길 것이다. 그 시간을 내가 원하는 대로 사용하면 나만의 시간이 된다.

물론 업무를 효과적으로 처리해서 시간이 짧아지는 것도 좋은 방법이다. 하지만 처음부터 해당 업무의 시간만을 줄이려 한다면 역효과가 날 수 있다. 그러므로 일단은 현재 쓰는 시간을 정확하게 알고 그 안에서 줄이는 노력을 해야 한다. 스스로 원하는 것이 있는데 전혀 다른 곳에 시간을 많이 할애하고 있다면, 자신의 현주소를 아는 중요한 열쇠가 될 것이다.

3) 나를 동료들이 알게 하라

자기PR이라고 하면 자신의 좋은 면을 과장해서 광고하는 것이라고 생각한다면 약간 오해의 소지가 있다. 자기PR이란 광고가 아니라 나를 동료들에게 알림으로써 주위의 호의와 신임을 얻고자 하는 것으로서, 상호 이해를 바탕으로 성립되는 인간관계에서 중요한 요소라 할 수 있다. 우선 나에 대해 알려야 할 것은, 내가 가지고 있는 약점이나 사고방식 등이다. 예를 들어, 성격이 급해 화를 잘 내는 사람이 있다고 하자. 물론 그는 자기감정을 컨트롤하는 법을 배워야 하겠지만, 나의 약점을 주위에 알려 두면 실제로 어떤 상황에서 참지 못하고 화를 냈을 때에 주위사람들로부터 어느 정도 이해를 얻을 수 있고 불쾌감 또한 조금은 누그러뜨릴 수 있다. 자신을 알린다는 것은 자기를 더 잘 보이게 하려는 것이 아니라, 자신의 진실한 모습을 주위에 알려 인간관계를 보다 원만하게 이끌어가기 위한 것이다.

그러므로 약점뿐만 아니라 강점도 함께 알릴 필요가 있다. 강점이나 특기 등은 자칫하면 자기광고처럼 들려 주위사람들에게 비호감을 주기 쉽다. 때문에 상황에 맞게 적절하게 알리지 않으면 오히려 역효과를 낳는다. 이를 위해서는 일방적으로 말하지 말고, 상대방이 관심을 보일 때 알리는 것이 좋다. 또한 다른 사람을 이해하려고 노력하는 것도 필요하지만 자기 자신을 남에게 이해시키려고 노력하는 것도 좋은 인간관계를 유지하는 데 있어 매우 중요한 일이다. 이기적이나 독선적으로 보이지 않게 상황에 맞게 자신을 잘 이해시키는 활동을 하라는 것이다.

4) 내가 먼저 인사와 말을 건네라

좋은 인간관계를 형성하기 위한 네 번째 방법은 상대편에서 인사하기를 기다리지 말고 내가 먼저 말을 건네는 것이다. 다시 말하면 인사를 선수침으로써, 이쪽에서 우위를 점하고 상대를 이끌어가는 것이다. 쉬운 일인 듯하지만, 조금만 방심해도 타이밍을 놓치고 반복되면 다시 먼저 인사하기가 어려워질 수 있다. 설사 상대방이 인사를 받아주지 않아도, 밝게 인사를 계속한다면 인사를 받아주지 않는 그 사람은 물론 주위의 모든 사람에게 좋은 느낌을 줄 수 있다.

5) 신뢰를 쌓아라

좋은 인간관계의 바탕에는 반드시 서로에 대한 두터운 신뢰가 있어야 한다. 신뢰란 서로가 보여준 반복된 행동이 투영된 것으로서, 인간관계에서 없어서는 안 될 요소이다. 친밀한 관계에서는 중요한 일도 함께 의논한다. 이는 서로 신뢰하고 있다는 증거이다. 상대방의 신뢰를 얻고 싶으면 우선 자신이 먼저 신뢰를 보여줘야 한다. 구체적으로 말하면 약속은 반드시 지킨다거나 항상 상대방의 인격을 존중해준다거나 하는 일이다.

내가 아는 사람 가운데는 우연히 잔돈이 없어 빌려 쓴 천 원, 2천 원도 반드시 갚는 사람이 있다. "얼마 안 되는데 왜 그렇게 신경 써?" 하고 말하면 "얼마 안 되니까 잊지 않고 돌려주려는 거야"라고 한다. 작은 일이라 여겨지는 것일지라도 원칙을 지켜나가야 한다. 사람들은 그런 것에 마음이 움직인다. 그리고 신뢰는 항상 언행일치에서 나온다

는 것을 잊지 말자. 말과 행동이 일치하지 않는다면 나는 잊어도 주위 사람들은 절대 잊지 않는다.

싫은 사람과 호감 가는 사람

사람에게는 누구나 호감이 가는 유형의 사람과 싫은 유형의 사람이 있다. 자신은 어떤 유형의 사람인지를 파악해보고 모든 사람에게 호감이 가는 사람으로 행동해야 한다. 주변에서 인기가 많고 모든 사람으로부터 칭찬받고 호감을 받고 있는 사람이 있다면 눈여겨 관찰해보자.

• 싫은 유형의 사람

① 성격이 비뚤어져 있는 사람. 무엇이든 나쁘게 생각하고 의심하고 정면으로 부딪히려고 하지 않는 사람

② 억지 쓰는 사람

③ 자기 본위인 사람. 상대의 사정은 무시하고 먼저 자기 사정만 내세우는 사람

④ 자기 멋대로인 사람, 자기가 편리한 대로 말하고 행동하는 사람

⑤ 상식이 없는 사람, 보통사람과는 다른 상식을 가지고 있으면서 타인과는 차이를 깨닫지 못하는 사람

⑥ 독설을 퍼붓는 사람, 신랄하게 비꼬고 자신만 할 수 있는 일이라고 자만하는 사람

· 호감 가는 사람의 유형

① 상식이 있고 폭넓은 지식으로 객관적인 견해가 가능한 사람

② 감성이 있는 사람, 배려가 있고 상냥함이 몸에 붙은 사람

③ 솔직한 사람, 상대자에 대해서도 솔직한 마음으로 대응하는 사람,
  겸허한 사람

상대방을 있는 그대로 받아들이고 상대방의 입장에 서서 생각해주면 상대방도 나를 좋아해준다. 이 두 가지 마음의 경계에서 어느 쪽으로 자신을 향하게 하는가는 극히 사소한 차이지만, 결과는 매우 큰 차이로 나타날 것이다. 우리들 한 사람 한 사람은 인격을 갖고 있으며, 그 인격이야말로 각자의 다른 개성으로 나타나기 때문에 존중해줘야 한다. 또한 모든 사람에게 호감이 가는 개성을 만들어야 한다.

사람을 좋아함과 싫어함의 원인 50%는 자기 마음의 움직임에 달려 있다. 같은 사람을 두고 A는 좋은 사람, B는 나쁜 사람이라고 규정하는 사례가 적지 않다. 이는 객관적으로 싫고 좋음을 구분해야 하는 것이 아니라 자기 마음의 척도에 따라 구분하기 때문이다. 싫은 사람이라고 자꾸 생각하다 보면 정말 싫어진다. 호감이 가는 사람과 싫은 사람의 요인을 인식하고 좋은 인간관계를 만들어보자.

동료들과의 관계 또한 앞서 이야기한 인간관계의 일반론과 같다. 다만 같은 직장에 다니는 만큼 좋든 싫든 매일 얼굴을 맞대야 하기 때문에 한 번 서먹서먹해지면 하루 종일 바늘방석에 앉은 듯한 느낌이 들어 다른 어떤 경우보다 어려움이 크다. 더욱이 한 번 악화된 인간관계를 다시 본래 상태로 회복시키려면, 많은 인내와 노력이 필요하므로 처음부터 좋은 인간관계를 형성해 가도록 노력하는 일이 무엇보다도 중요하다.

1) 자기 책임을 다하라

동료들과 좋은 인간관계를 형성하기 위한 첫째 조건은, 자기가 맡은 일이나 역할을 책임지고 말끔히 완수하는 것이다. 이는 단순히 동료들과의 문제만이 아니라 직장에서의 인간관계에서 공통되는 기본적인 사항으로, 특히 동료들과의 사이에서 모든 것에 우선하는 중요한 문제이다. 자기 책임을 다하지 못하면 동료들과 동등한 입장에서 자기주장을 펼 수 없게 되고 그들의 신뢰 또한 얻을 수 없게 된다. 자기 일을 게을리해서 동료들에게 피해를 끼치게 되면 아무리 마음이 넓고 자기 관리를 잘해도 관계가 결코 좋아지지 않는다.

2) 항상 회사 전체를 생각하고 행동하라

'남을 헤아려주는 마음'이란 주위 동료들에 대한 따뜻한 배려를 말할 뿐만 아니라, 항상 회사 전체를 생각하고 행동하는 정신을 가리킨다. 이것이 팀워크의 기본이 되는 것이다. 조직에서 일하는 상황에서는 회사의 규칙을 먼저 생각하면서 일하도록 노력하고 자기중심의 독자적인 행동을 삼가는 것이 필요하다. 다른 사람과 협력할 필요가 없는, 독립적인 업무를 가지고 있는 사람은 거의 없다. 대부분의 사람은 동료와 함께 일을 분담하거나 협력해 업무를 수행한다. 그러므로 규칙을 무시하거나 자신의 의지대로만 행동하면 협조 체제가 무너져 업무 능률이 저하될 뿐만 아니라 주위사람들을 기분 나쁘게 만들 수 있다. 그러므로 항상 일을 할 때는 조직 전체의 모습을 생각하고 행동하는 것이 좋다.

3) 많은 사람과 폭넓게 교제하라

요즘은 개인의 생활을 많이 존중하는 추세이다. 설령 그렇다 하더라도 단체 활동이나 취미생활, 사적인 모임 등에도 적극 참가하는 것이 좋다. 가능한 한 많은 사람과 대화할 기회를 만들어 서로에 대한 이해의 폭을 넓히는 것이 유리하다. 근무시간 내에 서로 대화하고 의견을 교환할 수도 있지만, 그것은 어디까지나 한계가 있다. 단체 활동이나 사적인 모임 같은 업무 외의 만남에서 더 친해지고 인간관계가 깊어지는 예는 흔히 찾아 볼 수 있다.

4) 어려움에 처했을 때 도움을 주어라

어느 책에선가 "직장에서 자연스런 협조 체제를 조성하려면, 우선 내가 먼저 일을 도와달라고 청한다. 그러면 상대방도 부담 없이 도움을 요구하게 되고 자연히 협력관계가 이루어진다"라는 글을 읽은 적이 있다. 그러나 이것은 서구적인 사고방식으로 우리나라에서는 아직 그렇게 쉬운 일은 아닌 듯하다. 도움을 요청하는 부탁이 미안하기 때문이다. 우리나라 사고방식에서는 누군가 자진해서 도와주는 태도가 자연스런 협조관계를 형성하는 데 큰 도움이 된다. 그러면 상대방도 이쪽이 어려움에 처해 있을 때 기꺼이 도와주게 된다. 이러한 태도는 예부터 내려온 '상부상조'와 '은혜는 꼭 갚아야 한다'는 의식 속에 깊이 뿌리박혀 있다. '주고받는다'는 말은 있지만 아직 '받고 준다'는 말은 어색하게 들린다.

상사와의 인간관계

직장상사와의 원활한 소통은 곧 성공적인 직장생활로 이어질 수 있다. 소통이 잘 되지 않는 사람은 그만큼 도태될 수밖에 없다. 직장생활의 가장 기본적이고 중요한 관계가 상사와의 관계인 만큼 어떻게 관계형성을 하는 것이 좋을지 알아보자.

1) 상사의 업무와 그의 성향을 잘 이해하라

상사의 업무내용이나 상사의 성향을 이해하려는 자세 그 자체가 이미 상사와 좋은 인간관계를 도모하는 데 큰 도움이 된다. 더욱이 그의 업무나 성향을 어느 정도 이해하게 되면 일의 처리나 업무 보좌에 있어 더욱 적절한 방법을 찾아낼 수 있어 긴밀한 인간관계를 이끌어낼 수 있다.

어떤 회사의 A과장은 차분하고 치밀한 성격의 소유자로 업무가 약간 늦어지더라도 완벽하게 해내지 않으면 의미가 없다고 생각하는 사람이다. 그러나 B과장은 모든 일은 타이밍을 놓치면 가치가 반감된다고 입버릇처럼 말하며 모든 일은 그 즉시 처리해야 한다고 생각하는 사람이다. 그는 불완전해도 좋으니 신속하게 업무를 처리하고 부족한 점이 발견되면 나중에 보충하면 된다는 생각을 가지고 있다. 만약, 여러분이 A과장 밑에서 일하고 있다면 차분하게 시간이 걸리더라도 완벽하게 일을 처리해야 한다. 그에 반해, B과장 밑에 있다면 다소 미흡할 수 있더라도 정해진 시간 안에 빨리 일을 해내야 한다. 자신이 가지고 있는 일에 대한 가치관과 지식으로 상사를 설득할 수 있다고 생각하는 것은 오만이다. 상사는 쉽게 설득할 수 있는 상대가 아니다.

2) 상사의 업무를 자진해서 보좌하라

상사와의 관계를 긴밀히 유지하기 위해서는 지시하기 전에 먼저 상사의 일을 자진해서 도와주고 보좌하려는 자세가 중요하다. 이를 위해서는 상사의 업무추진 방법이나 성격에 대한 이해가 요구된다. 예를 들면, 상사가 필요로 하는 정보나 보고를 정확하게 제공하고, 상사의 업무 수행상 도움이 될 수 있는 의견이나 제안을 적극적으로 하는 것이 좋다. 때로는 보고나 제안을 통해 상사와 대화할 수 있는 기회를 가질 수 있어 상사의 성격이나 업무내용을 더 잘 이해할 수 있게 된다.

3) 상사의 지시를 기분 좋게 따르라

상사는 부하직원이 제대로 일을 해내야 자신의 역할을 다한 것으로 생각하므로, 부하직원이 지시에 적극적으로 따라주기를 바란다. 가끔 보면 부하직원 중 지시한 일을 하면서 불만을 늘어놓거나 하는 수 없이 지시에 따르는 경우를 본다. 결국 지시에 따를 양이면 기분 좋게 따르는 편이 자신에게 이득이다. 어차피 할 것이라면 기분 좋게 하자. 얼굴 찌푸려서 좋을 것은 없다.

4) 상사의 프라이드를 손상시키지 않도록 하라

사람은 누구나 자기 나름의 프라이드를 갖고 있다. 상사에게도 상사만의 프라이드가 있다. 아무리 훌륭한 의견이라도 상사의 프라이드를 손상시켰다면 당장은 자신이 이겼다는 생각이 들 때라도 앞으로 일을 해나가는 데 있어서 순탄치 않을 가능성이 높다. 따라서 상사의 프라이드를 손상시킬지도 모르는 제안을 할 때는 다음과 같은 점에 유의하도록 한다.

• 되도록 다른 사람이 없는 곳에서 말한다

다른 사람이 듣고 있지 않으면 상사의 프라이드도 그다지 손상받지 않고 넘어갈 수 있다.

• 상사의 의견을 존중하면서 말한다

상사의 의견을 처음부터 부정만 하지 말고 그의 의견을 존중하는 태도를 보이며 "이런 것도 생각해볼 수 있지 않을까요?" 하고 시작하는 것이 좋다. 상사가 새로운 사실을 깨닫고 오히려 먼저 그렇게 하자고 말하도록 유도해야 한다.

• 충분한 자료와 정보를 제공하고 최종결정은 상사가 내리도록 한다

아랫사람은 어디까지나 상사가 보다 옳은 판단을 할 수 있도록 자료와 정보를 제공하는 역할에 그치고, 그 결정은 상사가 하게 한다. 올바르고 정확한 자료를 제공해줌으로써 상사가 올바른 결정을 할 수 있도록 돕는다. 자신의 생각에만 빠져 있지 말고 상사라면 어떻게 생각할까를 고민하면서 자료를 준비한다.

후배와의 인간관계

1) 자신의 사고방식을 분명하게 알려라

평소 후배와 자주 대화하고 자신이 가진 사고방식을 분명하게 알릴 필요가 있다. 일이 발생해 큰 소리가 나기 전에 미리 일상생활 속에서 작은 갭Gap들을 하나하나 메워가는 노력이 효과적이다.

2) 후배의 업무와 성향을 이해하라

부하직원이 상사의 업무와 성향을 잘 이해해야 하는 것과 마찬가지로, 후배의 업무와 성향에 대해서도 깊은 이해를 가져야 한다. 인간관계란 어느 한쪽의 일방적인 노력으로 이루어지는 것이 아니라 서로에 대한 진정한 이해와 노력에 의해 형성되는 것이다.

3) 편애하지 마라

사람은 누구나 좋아하는 음식과 싫어하는 음식이 있듯이 사람에 대해서도 좋고 싫은 감정을 가지고 있다. 바람직한 선배라면 사적인 감정을 되도록 억제하고 후배들을 모두 똑같은 마음으로 보살펴주려는 자세를 지녀야 한다. 그러면 선배로서의 자기 역량도 키울 수 있을 뿐만 아니라 후배들 사이에서도 깊은 신뢰를 얻을 수 있게 된다.

4) 권위적인 생각을 버려라

회사에 먼저 입사했다는 이유만으로 '선배'라고 불리고 또 무슨 일에 있어서나 선배는 후배보다 한 단계 놓은 위치에 있어야 한다는 사고방식은 동양 특유의 관습인 듯 보인다. 그러나 선배라고 해서 후배에게 거만한 태도를 보이는 것은 좋지 않다. 선배라고는 하지만 먼저 입사한 것뿐으로 후배보다 뛰어난 능력을 가지고 있는 것은 아니기 때문이다. 새로 신입사원이 들어온 처음 1년 정도는 얼마간 그럴 필요도 있겠지만 말이다. 그 후에는 선·후배를 따지기보다는 함께 일하는 동료로서 동등한 입장에서 생활하는 게 좋다.

5) 후배가 어려움에 처하면 기꺼이 도와주어라

후배가 업무나 다른 일로 어려움에 처해 있을 때는 군말 없이 기꺼이 도와주어야 한다. 그리고 그에 대한 주의나 충고는 일단 일이 해결된 뒤에 말하도록 한다. 그 일을 계기로 후배와의 사이가 한층 더 깊어질 수 있다. 요즘은 많은 조직에서 수평적 조직문화를 추구한다. 하지만 그렇다고 해서 예의 없이 행동하는 것은 곤란하다. 현재의 조직문화가 수직적이라고 한탄하기보다는 거시적인 관점에서 조직 전체를 바라보고, 목표 중심으로 생각하는 것이 중요하다. 팀의 목표를 가장 확실하게 알고, 달성하고 싶은 사람은 팀장이다. 당연히 팀장을 도와야 한다. 그리고 후배의 성장을 돕는 입장이어야 한다. 내 업무를 위임한다고 해서 내 자리가 없어진다고 여긴다면 스스로 성장하기 어렵다. 상사를 돕고, 후배를 성장시키는 인간관계를 형성해야 한다.

인간관계가 악화되었다면

나와 절친한 모기업 김과장의 경험담이다. 그에게 K라는 동료가 있는데, 자주 사내 규정을 어겨 그 영향이 김과장 자신에게까지 미치곤 해서 몇 번이나 충고를 해주었다. 하지만 K는 조금도 반성하는 빛이 보이지 않았다. 하는 수 없이 그의 상사에게 말해서 그에게 주의를 주도록 했는데, 그다음 날부터 K씨의 행동은 달라졌다. 그러나 문제는 해결된 듯 보였으나 그와의 관계는 서로 얼굴이 마주쳐도 말도 하지 않는 관계가 되어버렸다. 그로 인해 종종 불쾌한 일을 당했지만 그는 꾹 참고 인내하며 지내야만 했다.

그러던 어느 날 구내식당에서 식사를 하는데 우연히 고개를 들어보니 바로 앞에서 K가 식사를 하고 있었다. 그는 새삼스럽게 자리를 옮기기도 쑥스러운 일이라 그대로 말없이 식사를 계속했다. 하지만 꼭 모래를 씹는 것 같아 밥이 잘 넘어가지 않았다. 그래서 자리에서 일어나 물을 두 잔 가지고 와서 한 잔을 K씨의 식판 옆에 두면서 "맛있게 드세요" 하고 말을 건넸다. 그러자 K는 "예? 제게 주시는 거예요? 고맙습니다." 하면서 미안한 표정을 지었다. 그리곤 K는 식사를 하면서 자기 가족 이야기를 꺼내기 시작했다.

그것을 계기로 두 사람은 서로 이야기를 주고받게 되었고 둘 사이는 급속도로 호전되었다고 한다. 과장은 웃으면서 "생각해보면 별것도 아니었어요, 그저, 물 한 잔 떠다 준 것뿐이었잖아요"라고 겸연쩍어했다. 이렇듯 한 번 악화된 인간관계를 회복하는 것은 매우 어려운 일이다. 그러나 본인이 회복하고자 하는 마음만 있으면 문제는 어떻게든 해결된다. 물론 상당한 노력과 인내가 필요하다는 것은 두말할 필요가 없다. 그러나 아무리 주의하고 노력해도 어느 사이엔가 인간관계가 어긋나 버리는 일이 종종 있다. 그럴 때는 어떻게 해야 할까? 나는 인간관계 때문에 회사를 그만두려고 생각하는 후배들에게 언제나 이런 말로 퇴사를 만류하곤 한다.

"다른 사람들과의 관계 때문에 힘들어하는 마음은 충분히 이해합니다. 하지만 회사를 그만두면 그 후에는 어떻게 할 생각이세요?"

"다른 회사에 들어가 다시 시작해 보려고요."

"그것도 한 방법이긴 하지만, 지금 이곳에서의 인간관계가 힘들고 잘 되지 않는다고 도망치면 다른 곳에 가서도 또 다시 같은 문제에 부딪치게 될 거라 생각합니다. 조금만 더 버텨내고 극복해낸 후에 회사를 옮겨 볼 생각을 하는 건 어떠세요. 제가 옆에서 도울 테니 힘들겠지만

참고 같이 노력해 봅시다.”

　이런 식으로 설득해 계속 회사를 다니게 된 후배들 가운데는 반 이상이 문제를 극복하는 방법을 찾아냈다. 후에 그들은 한결같이 밝고 자신감에 넘치는 표정으로 “그때 그만두지 않기를 정말 잘했습니다”라고 말하곤 했다.

인간관계를 개선하는 요령

1) 자연스럽게 행동하라

　악화된 관계는 이를 개선하려고 어떻게든 접촉할 기회를 많이 만들고 의식적으로 말을 건넨다고 해서 해결되는 것이 아니다. 오히려 오해를 받아 더욱 사이가 멀어질 수도 있다. 그러므로 괴롭더라도 지금까지

해온 것처럼 자연스럽게 처신하는 것이 좋다. 상대방을 무시하거나 혹은 그 반대로 예전보다 더 친근한 척 대하지 말고 자연스럽게 행동하면서 화해의 기회를 엿봐야 한다.

2) 인내를 가지고 시간의 힘을 믿어라

일단 한 번 무너진 인간관계는 그렇게 간단히 원상태로 돌아오지 않는다. 그러므로 인내하면서 시간이 흘러 상대방의 감정이 누그러질 때까지 기다려야 한다.

3) 개선의 기회가 온다면 진심으로 다가가라

어느 정도 시간이 지난 뒤에는 화해할 좋은 기회가 오기를 기다린다. 앞서 이야기한 경우처럼 물을 가져다준다거나 아니면 차를 한 잔 타다 주는 등 적절한 기회가 오면 이쪽에서 먼저 적극적으로 말을 건네고 행동으로 표현하며 다가간다. 그러나 이때도 반드시 아주 자연스럽게, 그리고 아무 일도 없었던 것처럼 행동하도록 한다. 가능하면 상대방이 이쪽에 빚을 하나 지는 상황을 만드는 것이 좋다. 그러면 아마 상대방도 이쪽의 친절한 마음에 감사하면서 지금까지의 자기 행동을 부끄럽게 생각하고 그 반이라도 갚으려고 할 것이다. 그러면 다시 교제가 시작되고 대화가 시작되는 것이다.

무엇보다 중요한 것은 감정 관리를 잘 해나가면서 상대방을 미워하지 않는 것이다. 그런 마음으로 생활한다면, 개선의 기회는 반드시 올 것이고 그럴 때 다른 동료들을 대하는 것과 마찬가지로 적극적으로 돕는 태도를 보인다면 개선의 가능성이 높아질 것이다.

일반적으로 '커뮤니케이션Communication'이란 용어는 전달, 통신, 연락, 의사소통 등으로 번역되지만 단순하게 풀어보면, '주고받는 것'이라고 보아도 무방하다. 한쪽만의 일방통행 방식은 커뮤니케이션이 아니다. 즉, 일방적인 전달이나 지시, 주고받기와는 다르다는 것을 명심하라. A로부터 B에게로 커뮤니케이션이 행해진다고 할 때, 다음 네 가지 단계로 이뤄진다고 할 수 있다.

• A가 발신한다

커뮤니케이션은 '말하는 것'만이 아니라 주고받는 모든 신호를 포함한다. 문자로 쓰는 것, 즉 편지나 보고서도 커뮤니케이션이며 몸짓이나 신호, 메일, 문자, 기호, 이모티콘그림 말 등을 보내서 이쪽의 의사를 상대에게 전하는 경우도 많다. 따라서 커뮤니케이션의 제1단계는 무언가를 발신하는 것이라 할 수 있다.

• B가 수신해 의미를 이해한다

'A가 발신한 것을 B가 받아' A가 의도한 것을 B가 이해하는 것이 커뮤니케이션의 제2단계다. 여기서 말하는 '의미의 이해'라는 것은 그리 간단한 것이 아니다. 어떤 신호를 받은 사람은, 자신의 과거경험과 사고에 비추어 생각하거나 그 수신 상황의 분위기나 말의 전후관계를 고려해 의미를 이해한다. 그러므로 경험이나 사고방식이 다르면 당연히 이해방식도 달라진다. 바로 여기에 커뮤니케이션의 어려움이 있다. A가 보낸 말이나 신호를 B가 어떻게 이해했는지는 B의 반응을 통해서 나타난다.

• B가 반응한다

B는 A의 발신내용에 대해 어떤 반응을 나타냄으로써 A에게 대답한다. B의 반응도 반드시 말이나 문자에만 국한되는 것이 아니라 표정이나 동작 등 여러 다양한 형태를 가진다. 예를 들면 깜짝 놀란 표정을 짓거나 싱긋 웃어 긍정의 뜻을 보인다거나, 아니면 할 말을 찾지 못한 채 침묵해 버리는 등 여러 방법이 있다.

• B의 반응을 보고 B가 어떻게 이해했는지 A가 안다

만약 B가 나타낸 반응이 A가 예상한 대로라면 A는 커뮤니케이션을 그대로 계속할 것이고, 자기가 의도한 대로 B가 이해하고 있지 않다고 판단되면 한 번 더 커뮤니케이션을 시도해볼 것이다. 이상이 커뮤니케이션의 4단계인데, '발신 → 이해 → 반응 → 이해'의 순으로 진행되고, 이 과정이 되풀이됨으로써 대화가 진행되면 상호이해가 깊어진다.

커뮤니케이션에서 중요한 몇 가지를 알아보자. 첫 번째로 중요한 것은 제3단계로서, 상대방의 반응을 보고 자기가 한 말이 그에게 어떻게 이해되고 있는지 감지하는 일이다. 다시 말하면 항상 상대의 반응을 보면서 말해야 하며, 그렇지 않으면 일방적인 지시나 전달이 되어 원활한 의사소통을 이룰 수 없다. '상대방의 반응을 보면서 말한다'가 커뮤니케이션의 제1요소인 것이다.

두 번째로 중요한 점은 상대방의 입장이나 사고방식을 이해하도록 노력하는 일이다. 영국의 심리학자 오쿠 텐은 그의 공저『의미의 의미론』에서 언어의 정확한 의미는 결코 종이의 앞뒷면과 같이 언어에 부수되어 있는 것도 아니며 또 사전을 찾아서 얻을 수 있는 것도 아니라고 말한다. 그러면 언어의 진정한 의미는 어디에서 찾을 수 있을까.

그는 언어는 그것을 사용함으로써 비로소 의미가 생긴다고 기술하면서 다음과 같은 예를 들고 있다. 비즈니스맨인 남편이 아침에 집을 나설 때 그의 아내가 문 앞까지 전송해주었다. 남편이 무심코 하늘을 보며 "구름이 끼었군" 하고 중얼거렸다.

이 말은 무엇을 의미할까. 이는 단순히 '구름'이 하늘에 떠 있다는 의미가 아니다. '비가 올지도 모르니 우산을 가져가야 하지 않을까' 하는 의미를 담고 있는 것이다. 이번에는 남편의 말을 들은 아내가 고개를 들어 하늘을 보면서 "어머 구름이 끼었네" 하고 말했다 이 말의 의미는 무엇일까. '우산'일까? 아니다. 실은 '오늘은 빨래를 하지 말아야 할까' 하는 의미인 것이다. 말하자면 '구름이 끼어 있다'는 똑같은 말이라도 그것을 말하는 사람에 따라 의미가 달라진다는 것이다. 또한 동일 인물이라 하더라도 그 사람이 놓여 있는 상황, 말의 전후관계에 따라 의미가 달라진다. 예를 들면 '덥군요'라는 말은 단순히 기온이 높다는 것만을 말하고 있다고 단정할 수는 없다. 물론 단순히 기온이 높다는 것을 표현할 때도 있지만, '문을 좀 열어 놔야겠다' 또는 '차가운 음료수를 마시고 싶다' '이젠 일을 마치고 돌아가자'는 의사표시가 되기도 한다. 상대방의 입장과 사고방식에 대한 이해가 그의 말을 정확히 파악하는 데 가장 중요한 열쇠가 되는 것이다.

세 번째로 중요한 요소는 평소에 대화를 자주 하는 일이다. 바람직한 커뮤니케이션을 위해 평소 자주 커뮤니케이션을 하라는 말은 어떻게 들릴지 모르지만 중요한 것이다. 평소에 자주 대화를 하게 되면 상대방의 입장이나 사고방식을 잘 알 수 있게 되어, 상대방 말의 참된 의미를 정확하게 파악할 수 있게 된다. 달리 표현하면, 대화를 하면 할수록 '말'에 공통적인 기반이 생겨나는 것이다. 공통적인 기반을 가진 말을 많이 할수록 커뮤니케이션은 원만하게 진행되며 짧은 몇 마디로도 많은 내용을 전달할 수 있게 된다. 현대에는 '단절'이라는 말이 자주 사용되고 있는데, 이는 대화가 자주 이뤄지지 않아 말의 의미나 사고방식을 서로 이해할 수 없는 상태에 빠진 현상을 가리킨다. '단절'에 이르면 아무리 대화하려고 노력해도 말은 서로 어긋날 뿐 의미가 통하지 않는다.

네 번째 중요 요소는 상호 간의 신뢰이다. 아무리 자주 대화하고 아무리 상대방의 말을 잘 이해할 수 있다고 해도 마음으로부터 상대방을 신뢰하지 않으면 의미가 왜곡되어 올바른 커뮤니케이션이 이뤄지지 않는다. 아무리 귀중한 정보라 하더라도 정보제공자에 대한 신뢰가 없으면 그것을 받아들일 마음이 생기지 않을 것이다, 결국 모처럼의 귀중한 정보가 그 가치를 잃어버리고 마는 것이다.

직장 내에서의 커뮤니케이션 방법은 앞서 설명한 일반적인 커뮤니케이션과 별반 다르지 않다. 상사로부터 부하직원에게로 행해지는 커뮤니케이션을 'Top Down'이라고 하는데, 구체적으로는 명령, 지시, 의뢰 등의 형태를 이룬다. 그 반대로 부하직원으로부터 상사에게로 행해지는 커뮤니케이션은 'Bottom Up'이라 하는데 보고, 제안, 의견 등의 형태를 취한다. 여기서 상사를 선배로, 부하직원을 후배로 대치하여도 내용은 같다. 'Top Down'이란 상사가 시달한 명령, 지시, 의뢰 등을 부하직원이 받아 이해하는 것을 말한다. 부하직원은 '예' 하고 곧 일에 착수하거나 혹은 불만스런 표정으로 침묵하는 등의 반응을 나타내게 되는데, 이 반응이 그대로 'Bottom Up'의 커뮤니케이션이 되는 것이다.

이와는 반대로 아랫사람이 보고, 제안, 의견 등을 제시하면 그 내용을 이해한 뒤 '좋다' '안 된다' 등의 반응을 보이게 되는데, 이것이 그대로 'Top Down'의 커뮤니케이션이 된다. 'Top Down'과 'Bottom Up'은 전혀 다른 영역에 속한 것처럼 보이지만, 실제로는 서로 관련되어 순환하고 있다. 따라서 상하의 커뮤니케이션 가운데 어느 한쪽이 단절되면 불완전한 커뮤니케이션이 되고 마는 것이다.

어떤 젊은 사원과 이야기를 나누다가 "우리 팀장은 명령만 할 뿐 우리들이 보고하거나 제안해도 그에 대해 아무 말도 해주지 않습니다. 그럴 땐 기분이 별로 그렇습니다"라는 말을 들은 적이 있다. 하지만 이 경우 반드시 팀장만 나쁘다고는 할 수 없다. 보고나 제안이 정말로 팀장에게 흘려버릴 수 없는 것이었다면, 반드시 반응이 있었을 것이기 때문이다. 어쩌면 팀장이 그 제안 점에 별로 관심을 갖지 않았을 수도 있다. 그러나 이때도 부하직원은 상사의 관심을 이끌어내도록 노력했어야 한다. 또한 부하직원이 생각하는 만큼 그 내용이 상사에게는 중요하게 생각되지 않았을 수도 있고, 평소 상사의 지시나 명령 제안자 당사자가 명확한 반응을 나타내지 않았으므로 상사도 그 제안에 뚜렷한 반응을 표시하지 않았을 수도 있다. 어찌 됐든 상하관계의 커뮤니케이션은 언제나 '순환'하고 있다는 사실을 명심해야 된다.

직장에서의 커뮤니케이션은 수직적인 상하관계 이외에도 횡에서 횡으로 발생되는 수평적인 커뮤니케이션도 있다. 예를 들면 팀에서 팀 사이에 이뤄지는 연락, 회의 등이 여기에 속한다. 이 경우에 있어서는 특히 자기 입장만을 고수해서는 안 된다는 점이 중요하다. 다른 팀의 업무내용, 입장, 사고방식 등을 잘 이해하여 그에 알맞은 설명이나 요청을 하지 않으면 커뮤니케이션이 잘 이뤄지지 않는 것이다. 물론 조직 전체를 보는 시야에서 말이다. 어려운 문제가 발생했거나 제안을 할 때에는 사전에 다른 팀의 담당자를 만나서 사전협의를 해둘 필요가 있다. 회의에 출석할 사람과 사전에 대화하여 쌍방의 입장에 관해 충분한 양해를 얻어둠으로써, 본회의에서 순조롭게 안건이 처리될 수 있도록 하는 것이다. 일의 성패를 떠나서 어려운 안건을 제안할 때는 꼭 필요한 절차라고 할 수 있다.

일상적인 업무를 수행할 때 같은 팀의 사람들이 힘을 합쳐 일하는 게 가장 일반적인 형태이다. 이러한 팀을 포멀그룹Formal group, 공식그룹이라 하는데, 총무팀, 인사팀 등이 여기에 속한다. 포멀그룹과는 달리 사적인 그룹, 예를 들면 자주 같이 점심을 먹으러 가는 사람들이나, 사내 동아리를 같이 하는 사람들의 모임 등은 인포멀그룹Informal group, 비공식그룹이라고 한다. 포멀그룹은 회사가 구성한 사내 조직 그 자체이며, 멤버의 변경은 발령이라고 하는 형태로 정식 발표되므로 그 이동상황을 명확히 파악할 수 있다. 이에 반해 인포멀그룹은 자연발생적인 그룹으로 때때로 그 성격이나 멤버가 바뀌므로, 그 움직임이나 형태가 확실치 않다. 하지만 인포멀그룹이 개인에게 주는 영향은 포멀그룹보다 작다고만은 할 수 없다. 인포멀그룹은 마음이 맞는 사람들끼리 모인 것이기 때문에 그룹 내에서의 커뮤니케이션이 매우 원활하고 신속하다. 때로는 공식 통로를 거쳐 내려야 하는 지시나 정보가 먼저 흘러나오는 일까지 있다. 사내의 여러 가지 정보가 정식으로 발표되기 전에 비밀리에 뒷공론으로 흘러나오는 것이 그 한 예다. 인포멀그룹은 유대관계에 근거한다. 그러므로 업무적인 딱딱함으로부터 무장 해제되는 성향을 많이 지닌다. 물론 사회에서 또는 조직 안에서 규정대로 모든 것이 결정된다고 믿을 수도 있겠지만 때에 따라서 인포멀그룹은 자신에게 많은 도움을 준다.

국내의 조직문화가 서구화되고 개인적인 업무화가 추진된다고 해도 여전히 회식문화가 남아 있고, 업무 외의 체육대회라든가, 문화활동 등이 남아 있다. 조직 역시 인포멀 활동을 조직활동 내에 포함시키고 있다. 필요하다면 개인도 역시 활용해야 한다. 인포멀그룹의 활용이 다소 비합법적이거나 부당하다거나 하는 방법을 사용하라고 말하는 것은 아니다. 다른 팀의 사람을 만나고, 서로 정보를 교류하고 배우는 것은 자신을 성장시키고 조직 안에서 융화력을 기르는 데 유용하기 때문이다.

팀워크

앞에서 인포멀그룹에 대해 이야기했으므로 이제는 공식집단. 즉 회사 직제상의 집단에 대해 살펴보기로 하자. 공식집단에 있어 업무상 가장 중요한 것은 바로 팀워크이다. 팀워크란 한 가지 일을 몇 사람이 협력해 추진해갈 때 그 협조 양상을 말한다. 팀워크가 잘 형성돼 있으면 한 사람 한 사람이 따로따로 일하는 것보다 훨씬 큰 성과를 거둘 수 있을 뿐만 아니라 개개인 모두 기분 좋게 일할 수 있다. 그러나 팀워크가 좋지 않으면 각 개인의 실력을 충분히 발휘할 수 없고 때로는 서로의 행동이 상충하여 좋지 않은 결과를 낳기도 한다. 바꾸어 말하면 팀워크가 좋으면 5+5=12나 13이 되지만, 팀워크가 좋지 않으면 8이나 6으로 줄어드는 것이다. 그러므로 항상 좋은 팀워크를 형성할 수 있도록 각자 상호협력 하면서 노력해야 한다. 좋은 팀워크를 형성하기 위해

서는 우선 팀 구성원들 간의 인간관계가 좋아야 한다. 이외에도 그에 필요한 몇 가지 사항이 있다.

첫 번째로 팀에는 반드시 리더가 있어 전체를 통괄하면서 통솔해가야 한다는 것이다. 팀의 리더가 명백하게 정해져 있지 않은 팀은 파벌 조성과 주도권 쟁탈에 에너지를 쏟게 되므로 팀 파워가 현저히 떨어지게 된다. 그러므로 실력이 있는 사람이 리더가 되어 멤버의 신뢰를 얻든가, 아니면 리더는 다소 실력이 부족하더라도 멤버 전원이 협력해서 리더를 잘 보완하면 강력한 팀워크를 보일 수 있다.

두 번째는 팀 내의 커뮤니케이션이 원활하게 이뤄져야 한다는 것이다. 좋은 커뮤니케이션 활동을 이루기 위한 요령은 다음과 같다.

• 리더와 멤버들 간의 커뮤니케이션이 좋아야 한다

커뮤니케이션은 협업을 위해서이다. 협업은 목표달성을 위해서이다.

좋은 협업이 이루어지는 커뮤니케이션의 첫 번째 단추는 단순히 대화가 자주 이뤄져 의견에 큰 차이가 없다는 것을 말하는 게 아니다. 리더가 목표하는 바를 모두 잘 이해하여 곧바로 납득할 수 있어야 하며, 또 리더는 구성원들이 일을 잘할 수 있는 환경을 조성하고 그들의 능력을 정확하게 파악하여 그에 합치되도록 노력해야 한다는 것이다.

• 멤버 상호 간의 커뮤니케이션이 원활해야 한다

멤버들 간의 커뮤니케이션의 승패는 뭐라고 이야기해도 안으로 깊이 들어가면 팀 내의 인간관계에 달려 있다. 인간관계가 좋으면 서로 숨기는 일 없이 의견을 교환하게 되므로 서로를 더 신뢰하게 되고 강한 친밀감을 느끼게 된다. 일의 수행에 있어 협력 체제의 바탕이 자연스럽게 조성되는 것이다. 서로를 신뢰하면 약간의 의견 차이는 별 문제없이 해결되어 쉽게 발맞춰 나아갈 수 있다.

• 정보전달이 신속해야 한다

한 멤버가 어떤 정보를 입수했을 때는 재빨리 그 중요성을 판단해 즉시 전원에게 알리는 신속한 협조가 이뤄져야 한다. 또한 한 구성원에게 무슨 일이 발생했을 때에도 그 사실을 곧 전원에게 알려 서로 힘을 합쳐 일을 처리하거나 보완해주는 협조 태세가 형성돼 있어야 한다.

세 번째는 팀 리더가 바람직한 리더십을 지니고 있어야 한다는 것이다. 하나의 목표를 세워 팀 전체의 힘을 그것에 결집시키고 각 개인이 지닌 실력을 충분히 발휘할 수 있도록 이끄는 리더십이야말로 무엇보다도 중요하다. 리더는 현재 맡은 일을 충분히 잘할 만한 실력이 있어야 하며, 공은 부하직원에게 주고 책임은 본인이 지는 책임의식이 있어야 한다. 그리고 항상 언행일치를 통해 팀원들에게 신뢰를 얻어야 한다.

네 번째는 각 구성원들은 늘 팀 전체를 염두에 두고 행동해야 한다는 것이다. 사람은 누구나 자기 잣대로 사물을 바라보고 판단하려는 경향이 있다. 하지만 팀워크는 자기보다는 팀 전체의 입장에서 사물을 판단하고 행동할 것을 요구한다. 각 구성원들은 팀 전체의 목표와 움직임을 잘 이해하면서 개인보다는 전체를 우선하는 마음가짐을 지녀야 한다.

다섯 번째는 구성원들은 항상 팀 안에서의 자기 위치와 역할을 명확히 인식하고 책임지는 자세로 행동해야 한다. 같은 팀원이라 해도 능력에 따라 기술이나 지식에 차이가 나므로, 자연히 팀 내에서의 자기 위치와 기대치가 결정된다. 각자 자기 위치와 역할을 충분히 인식하고 행동해야만 효과적이고 능률적으로 일을 추진시킬 수 있으며 팀 전체의 힘을 한껏 발휘시킬 수 있게 된다.

이밖에도 규모나 능력이 비슷한 다른 팀과 경쟁하는 식으로 팀워크를 강화시키는 방법도 있다. 좋은 라이벌이 가까이에 있으면 '뒤처져서는 안 된다'는 의식 선의의 경쟁으로 단결력이 한층 강화된다. 또한 팀의 존립 자체가 위태롭다는 위기감을 전원이 공유하고 있을 때 가장 잘 단결할 수 있다는 것은 이미 잘 알고 있는 사실이다. 팀워크는 일정한 구성원들이 함께 일을 해나감으로써 차츰 형성되는 것이므로 어느 정도 시간과 경험을 필요로 한다는 과정의 힘을 잊지 말아야 한다.

직장에서 바람직한 팀워크를 형성하기 위한 요소 가운데, 팀을 이끄는 리더의 능력이 중요하다 할 수 있다. 대개 리더십이란 팀장으로 승격해 부하직원을 거느리는 입장에 섰을 때야 비로소 필요한 것으로, 일반사원들과는 관계없는 것이라고 생각하는 경향이 있다. 하지만 이는 매우 잘못된 생각이다. 리더십은 어느 순간에 갑자기 만들어지는 것이 아니기 때문이다.

리더십의 정의는 '리더십은 조직구성원들에게 긍정적 영향력positive influence을 통해 자발적 협조와 추종을 불러일으켜 조직이나 부서에서

원하는 목표를 달성achievement of goals하는 능력과 과정이다'라고 되어 있다. 팀장이 되었다 하더라도 따르는 사람이 없다면 리더가 아닌 그냥 팀장인 것이다. 팀장을 리더라 여기지 않는 팀에서는 당연히 성과가 나기 힘들 것이다. 우리는 항상 누군가의 리더Leader이면서 팔로워Follower인 것이다. 누구나 아이였던 적이 있고, 누군가의 아버지이다. 지금은 자식이면서 아버지이면서, 남편이기도 하다.

리더십은 많은 연습과 경험의 과정이 필요하다. 팀장이 되어 자신의 리더십을 믿고 따르는 팀원들이 있다면, 그들은 이미 팀장이 사원시절부터 어떻게 행동해 왔는지를 보고 판단했기 때문이다. 잘하는 리더는 실제 리더가 되기 전에 이미 결정되는 경우가 대부분이다. 리더는 팀의 목표달성을 위해 존재한다. 그것이 리더의 임무이다. 그 목표달성을 잘하기 위해 팀원들의 능력을 활용해야 한다. 리더는 팔로워Follower들의 능력을 최대한 끌어내기 위해 노력해야 하고 최소한 아래의 세 가지는 명심해야 할 것이다.

첫째, 지금 하는 일의 목표를 팔로워들에게 명확하게 이야기할 수 있어야 한다.

둘째, 팔로워들이 일을 잘할 수 있는 환경을 만들고 도와야 한다.

셋째, 팔로워들의 성장을 진심으로 도와야 한다.

04

효율적으로 업무를 추진하는 방법

어 떻 게
인정
받을 것인가

의식적 관찰을 한다

일본의 공개경영지도협회의 기타 무라미 이사장은 '의식적 관찰'에 관한 실례로 이런 이야기를 전하고 있다. 시즈오카에 있는 한 식품점에서는 새로 신입사원이 들어오면 반드시 상점 한 모퉁이에 있는 담배 가게에 배치해 판매부터 시킨다고 한다. 필자의 생각에 담배는 종류가 한정되어 있고 또 가격도 정해져 있어 판매가 쉽기 때문이 아닐까 생각했다.

그러나 그의 말에 의하면 처음 판매 업무를 맡은 사원에게 물건을 파는 데 흥미를 갖게 하려는 의도에서라고 한다. 보통 신입사원들에게 담배를 팔게 하면 처음 이삼일 동안은 열심히 일하지만 곧 싫증을 낸다는 것이다. 관리자는 "담배를 사는 손님은 거의 같은 것만 사기 때문에 판매원과 일일이 의논하는 일이 없습니다. 그러므로 여러분은 손님이 오거든 그 사람이 담배 이름을 말하기 전에 어떤 담배를 살지 맞춰 보시오. 얼마만큼 맞추는지 폐점 후에 물어볼 테니 메모해 두도록 하십시오"라고 지시한다. 그러면 사원은 고객이 올 때마다 마음속으로 열심히 담배 이름을 맞춰본다. 그러나 예상이 적중되는 경우는 좀처럼 드물다. 그는 다시 고객의 옷 스타일과 담배를 결부시켜 보기도 하고 또 담배를 사는 때와 관련시켜 보기도 하면서 열심히 맞춰보려고 노력하지만 적중률은 여전히 낮다.

그러나 날이 갈수록 매일 보게 되는 단골손님의 기호를 모두 파악하게 되어 손님이 문을 들어서면 "○○를 드릴까요?" 또는 "○○○이시죠?"

하고 그 고객이 구입할 담배를 미리 꺼내 줄 수 있게 된다. 이쯤 되면 고객은 판매원이 자기가 피우는 담배를 알고 있다는 사실에 감동하는 한편 친밀감을 느끼게 되어 보다 확실한 단골손님이 되는 것이다. 또한 판매원도 판매 업무에 흥미를 느껴 더 열심히 일하게 되고 그에 따라 적중률도 차츰 높아진다. 이렇게 해서 판매에 흥미를 느끼게 된 사원은 식품매장으로 자리를 옮겨도 이전과 마찬가지로 고객의 요구사항을 파악하기 위해 보다 세밀히 관찰하게 되고 또 판매에도 열성을 가지게 된다고 한다.

이것이 바로 '의식적 관찰'이라는 것이다. 아무 생각 없이 사물을 바라보면 그것으로 끝나지만, 의식 또는 생각을 하면서 사물을 세심히 관찰하면 몇 가지 흥미로운 사실을 발견하게 되고 또 그에 따라 일에도 흥미를 느끼게 된다. 당신은 지금 직장에서 일하면서 '의식적 관찰'을 하는가? 의식적 관찰이야말로 자기 발전과 일의 개선에 있어 없어서는 안 될 가장 중요한 핵심이다.

신입사원이나 다른 부서로 새로 발령을 받은 사람들은 비교적 쉽게 그곳의 허점이나 약점, 혹은 일의 운영에 있어서의 비효율적인 면을 몸으로 직접 느낄 수 있다. 그것은 아직 그곳에 익숙하지 못하고 또 매너리즘에 빠져 있지 않은 까닭에 신선한 눈으로 사물을 관찰할 수 있기 때문이다. 문제는 자신이 발견한 문제점들을 언제 선배사원이나 상사에게 이야기할 것인가 하는 점이다. 필자의 견해로는 입사한 지 6개월에서 1년 정도가 적당할 것으로 보인다. 왜냐하면, 경험도 별로 없는 산출나기가 그런 개선점이나 문제점을 제안하면 100% 받아들여질 가능성이 희박하기 때문이다. 만약 그런데도 제안을 한다면 아마도 선배는 다음 가운데 한 가지를 대답할 것이다.

- 그 점은 충분히 알고 있다. 그러나 현재로서는 여러 가지 이유로 개선이 불가능하다.
- 이전에 개선하려고 시도해봤지만 잘 되지 않았다.
- 직장 사정도 잘 모르는 네가 뭘 안다고 그러느냐, 좀 더 업무의 내용을 익히고 제안하라(선배는 대개 자기 체면이 깎이는 것을 몹시 두려워한다).

이러한 장애를 극복하지 않고서는 아무리 옳은 말을 해도 통하지 않는다. 그렇다고 제안을 1년씩이나 보류해두면 그 사이 잊어버리거나 그곳 환경에 익숙해져서 현 상태에 만족하려는 사고가 싹틀 염려도 있다. 그러므로 직장에서 느낀 문제점들은 일기나 노트에 메모해두는 것이 좋다. 6개월이나 1년 후에 다시 읽어보고 그래도 여전히 문제라고 판단될 때에는 과감히 제안을 한다. 그때쯤이면 선배들도 제안에 귀 기울여 줄 것이다. 약 1년이라는 시간은 직장에 융화하고 환경을 어느 정도 파악하기에 충분한 시간이기 때문이다. 이를 위해서는 평소부터 의식적인 관찰을 하는 습관을 들여야 한다. 의식적 관찰은 문제의식을 갖는 데서 시작되며 이 문제의식에서 올바른 직장관이 생긴다. 내가 맡은 일은 무엇인가, 그 일을 수행하기 위해서는 어떻게 해야 하는가 하는 확고한 직업의식을 가지는 것이 무엇보다도 중요하다.

사람인 이상 때로는 실패하기도 하고 또 어이없는 실수를 저지르기도 한다. 그럴 때 당연히 상사로부터 꾸지람을 듣게 된다. 그러나 꾸중을 듣는 자세에서도 사람에 따라 상당한 차이가 있다. 그 유형을 분류하면 대략 다음과 같다.

• 실망하는 형

상사가 심하게 화를 내며 꾸짖으면 반론할 여지를 찾지 못하고 오직 저자세로만 꾸중을 듣는 사람. 상사가 "알았으면 다음부터는 주의하세요! 이제 자리에 돌아가 일하세요" 하는 말이 떨어지면 도살장으로 끌려가는 양처럼 고개를 푹 숙이고 터벅터벅 돌아간다. 자리에 앉아 서류를 이것저것 들추면서 깊고 깊은 한숨만 푹푹 내쉰다. 보기만 해도 불쌍한 의기소침형.

• 변명형

상사가 한마디 하면 곧 되받아 "그것은 이렇습니다. 사실은…" 하면서 쓸데없는 변명을 늘어놓는다. 상사의 얼굴이 점점 더 노기를 띠어가고 있는데도 계속해 "사실을 말씀드리면 …" 하면서 변명을 늘어놓는다. 어떻게 해서라도 자기를 정당화하려는 미련이 많은 형.

• 갑자기 태도를 바꾸는 형

상사의 꾸중이 심하거나 자존심이 상하게 되면 "그래서 어떻다는 것입니까!" 하고 대들며 전투자세를 취하거나 반대로 "그렇다면 묻겠습니다만" 하고 상체를 꼿꼿이 펴고 도리어 상사의 약점을 찌르려고 하는 사람. 막다른 골목에 쫓긴 쥐가 고양이를 무는 형.

• 무언(無言)의 반항형

상사가 무슨 말을 하든 고개만 푹 숙인 채 아무 말도 하지 않지만, 그 얼굴에는 "어디 두고 보자" 하는 기색이 역력한 사람. 종로에서 뺨 맞고 한강에서 화풀이하는 형.

• 바람에 엎드리는 버들가지 형

바람이 강하면 반항도 하지 않고 머리만 푹 숙인 채 오로지 태풍이 지나가기만을 참을성 있게 기다리는 사려 깊은 형.

앞의 실망하는 형은 약간 가련하고 애처롭기는 하지만, 그렇다고 변명형처럼 미련을 너무 많이 두어서도 안 된다. 갑자기 태도를 바꾸는 형은 상사로부터 미움을 받을 것이 뻔하므로 무언의 반항형이나 바람에 엎드리는 버들가지 형이 그런대로 무난할지 모른다. 그렇지만 꾸중을 듣는 태도는 그 꾸중의 내용과 방식에 따라 달라지게 마련이다.

가령 분명히 자신이 잘못했을 때는 솔직히 사과하지만 그렇지 않을 경우에는 성을 내거나 반론을 하게 된다. 또한 아무리 자기 잘못이라고 하더라도 비꼬는 식으로 동료들 앞에서 자존심을 상하게 한다면 분명 화가 날 것이다. 자기가 잘못했든 안 했든 또 꾸짖는 태도가 심하든 어떠하든 간에 꾸중 그 자체는 결코 유쾌한 일이 아니다. 꾸중 들어 기분 좋은 사람은 아무도 없을 것이다. 하물며 꾸중이 심했다면 자기 잘못은 접어두고 오히려 상사를 원망하게 되는 것은 뻔한 이치다.

그러므로 상사에게서 꾸지람을 듣고 화가 날 때는 참지만 말고 자신의 생각을 표현하는 것이 좋다. 그리고 퇴근길에 동료들과 상사를 안주삼아 한잔하면서 마음이 후련해질 때까지 응어리진 것을 푸는 것 또한 나쁘지 않다. 그러고 하루 이틀 정도 지나 마음이 가라앉으면 상사가 왜 자기에게 화를 냈는지 곰곰이 생각해봐야 한다. 물론 상사가 화를 잘 내거나 성미가 급한 사람이었을지도 모른다. 그렇지만 "나도 너무한 것 같군. 꾸중 듣는 것도 당연했지" 하는 생각이 들면 스스로 일보 진보한 것이다.

어떤 상사든 나무라는 것이 좋아서 꾸중을 하는 사람은 없다. 꾸중 듣는 일과 마찬가지로 꾸짖는 일도 결코 즐거운 일이 못 된다. 이렇게 말하면 어떤 사람은 "아뇨, 그렇지 않습니다. 우리 상사는 부하직원을 꾸짖고 학대하는 것이 취미인 것 같은데요." 또는 "우리 상사는 부하직원에게 큰소리치면서 자기 스트레스를 풀고 있는걸요" 하고 반론할지도 모른다. 이 세상은 넓고도 넓다. 물론 그 많은 상사 중에서 그런 사람이 결코 없다고는 말할 수 없다. 그러나 대다수의 상사들은 꾸지람을 하면서도 부하직원이 반발하지는 않을까, 부하직원과의 사이가 서먹서먹해지지 않을까 불안해한다. 그런데도 부하직원의 장래와 직장 전체의 일을 생각해서 꾸중을 하게 되는 것이다. 그래야 부하직원도 똑같은 실수를 다시 되풀이하지 않게 되고 또 이번 실패를 어떻게 만회할지 이리저리 궁리해보게 되는 것이다.

어떤 일에서든지 실패란 반드시 마이너스 측면만 있는 것이 아니다. 실패의 쓰라린 경험을 통해 사물에 대한 신중함과 계획성을 얻게 된다. 이런 측면에서 본다면 오히려 실패란 환영할 만한 일이라고 할 수 있다. 똑같은 실수를 두 번 세 번 되풀이하는 것은 신중함이 결여돼 있기 때문이다. "그만 집어치워!"라는 소리를 들어도 어쩔 수 없는 일이다. 그러므로 두 번 다시 같은 실수를 저지르지 않겠다는 결의와 노력이 있어야 하며, 더 나아가 실패를 두려워하지 말고 과감히 일을 추진해가는 강인한 투지 또한 필요한 것이다. 결코 꾸중을 듣고 겁을 먹거나 자신감을 잃어서는 안 된다. 아마도 상사에게 한 번도 야단맞지 않은 사람은 없을 것이다. 상사가 고함을 쳐도 잘못된 점에 대해 깊이 연구하여 '이번만은 기필코…' 하는 투지를 가지고 도전하는 일이 무엇보다도 중요하다.

상사의 꾸지람은 같은 잘못을 다시는 반복하지 않도록 하게 하려는 경종이며 격려인 것이다. 농촌에서는 겨울철에 보리밟기를 한다. 싹이

2,3cm 정도 자라면 발로 밟아주는데, 이는 뿌리가 튼튼하게 뻗고 줄기가 꼿꼿이 자랄 수 있게 하기 위해서이다. 상사의 꾸지람도 바로 이 보리밟기와 같다.

충실하게 따르고 결과부터 보고한다

상사가 지시사항을 전달하면 착실히 귀 기울여 듣고 이를 충실히 수행하는 것이 중요하다. 상사는 자기 혼자 일을 하는 게 아니라 부하직원과 함께 일을 수행하는 입장에 있다. 그러므로 만약 부하직원이 지시한 대로 따라주지 않으면 상사는 일을 제대로 추진하지 못하고 곤경에 빠지게 된다. 상사에 대해서뿐만 아니라 모든 일은 이러한 협조 체제를 통해 이루어진다. 알다시피 조직 속에서 일하는 이상 누구나 조직을 떠나서 혼자서 일할 수는 없다. 옆의 동료들이나 아니면 상사와 일을 분담하고 서로 협력하면서 일을 수행해가야 하는 것이다. 그러므로 동료의 기대와 달리 자기 임무를 제대로 수행하지 못하면 결국 주위사람들에게 큰 폐를 끼치게 된다. 상사에 대해서도 마찬가지이다. 그러므로 상사가 지시사항을 전달할 때는 성실하게 듣고 충실히 거기에 따르도록 해야 한다.

하지만 상사의 지시나 명령에 그대로 따를 수 없는 경우도 있다. 예를 들면 상사가 현재 상황을 제대로 파악하지 못한 채 지시를 내리거나 혹은 상사가 시키는 대로 일을 추진하면 실패할 게 뻔한 경우이다.

이럴 때는 상사의 지시를 경청한 뒤에 조용히 자기 견해를 설명해 상사의 재고를 구하는 것이 좋다. 하지만 자기 의견을 피력해도 그대로 받아들여지는 경우는 매우 드물다는 것을 알고 있어야 한다. 상사는 항상 부하직원보다는 한 단계 위에서 전체적으로 바라보고 있어 사고방식이나 판단기준이 다르기 때문이다. 또한 체면이라는 것도 있다. 그래서 부하직원으로부터 얘기를 듣고 마음속으로는 '과연 그렇구나' 하고 생각하면서도 그대로 따르지 않을 수도 있는 것이다. 상사의 체면을 손상시키지 않고 자기 의견을 제시할 수 있는 방법에 대해 연구해 볼 필요가 있다. 예를 들면 다음과 같은 방법이 있을 수 있다.

상사의 지시에 전적으로 반대하지 말고 전반적인 사항에는 찬성한다는 뜻을 비치면서 일부분에 대해 "이렇게 하는 것이 어떨까요? 하고 슬며시 자기 견해를 제안한다.

"과장님이 말씀하신 대로 하겠습니다. 하지만 제 생각으로는 이런 방법이 더 효과적이지 않을까 생각합니다만…" 하고 의향을 묻는다.

"잘 알았습니다만 이 점을 잘 모르겠습니다. 이렇게 해석해도 좋을까요?" 하고 자기 생각을 말하면서 상사의 반응을 살핀다.

상사에게 의견을 제안할 때는 이런 방법을 쓰는 것이 좋다. 그렇지 않으면 모처럼의 좋은 의견도 아무 쓸모가 없게 된다. 만약 제안하는 방법에 신경을 쓰지도 않았는데 그 자리에서 '좋아!' 하고 선뜻 받아들이는 상사가 있다면, 그는 그지없이 도량이 넓은 상사를 둔 데 감사해야 할 것이다. 그런데 자기 의견을 제시하려면 우선은 상사의 지시사항을 올바로 들을 줄 알아야 한다. 지시를 올바로 듣는 자세에 대해 몇 가지를 알아보자.

• 지시 사항을 끝까지 잘 듣는다

상사가 말하는 도중에 끼어들어 자기 의견을 말하거나 질문하는 것은 결코 좋은 일이 아니다. 상사는 아마도 "지금 그것을 설명하려고 하잖아! 끝까지 듣고 나서 말해!"라고 대답할 것이다.

• 모르는 것은 이해가 될 때까지 물어본다

모르는 것이나 의문 나는 점이 있으면 상사의 이야기가 끝난 다음에 질문하도록 한다. 잘못 질문했다가 "그 정도도 몰라" 하는 소리를 들을까 두려워 그냥 넘기면 일을 수행할 때 돌이킬 수 없는 실수를 하게 된다. 잘 모르는 것은 아무리 창피해도 끝까지 다시 물어봐야 한다.

• 요점을 복창할 것

상사의 말이 끝나면 그 요점을 복창해서 다시 확인해 둘 필요가 있다. 그러므로 지시를 받을 때는 숫자나 사람 이름, 복잡한 사항들을 반드시 메모하는 습관을 들이는 것이 좋다. 만일 다시 구술한 내용이 틀리면 상사가 정정해줄 것이므로 사고를 미연에 방지할 수 있다. 특히 '며칠 몇 시까지'라고 정해진 시한은 꼭 메모를 해두어야 한다. 상사가 언제까지 하라고 지시하지 않았으면 이쪽에서 먼저 물어보고, 또 기한을 정하지 않은 것은 '지금 곧 하라'는 의미로 해석해야 한다. 다만 지금 급히 처리해야 할 일이 있으면 상사와 상의하여 우선순위를 정한다.

그리고 지시사항을 전달받았으면 그에 대해 보고하는 것을 잊어서는 안 된다. 그렇다면 지금부터 보고 요령을 대해서도 살펴보자.

• 일이 끝나면 가능한 한 빨리 보고한다

상사는 부하직원의 보고를 듣고서야 비로소 일의 종료와 그 결과를 알게 된다. 그러므로 일이 끝나면 될 수 있는 한 빠른 시일 안에 보고해야 한다. 일의 처리에 실패했거나 바람직하지 못한 결과가 발생했을 때는 보고를 망설이게 되어 하루하루 미루기 쉽다. 하지만 결과가 좋지 않을 때야말로 가능한 한 빨리 상사에게 보고해야 한다. 그래야 상사가 그에 대한 대책을 세울 수 있기 때문이다. 보고가 늦어지면 대응책을 써보지도 못한 채 사태는 더욱 악화되고 수습할 수 없는 지경에 이르고 만다. 때늦은 보고는 상사에게 아무런 가치가 없다는 사실을 깊이 새겨두어야 한다.

• 보고는 결론부터 말한다

보고할 때 흔히 일의 경과에 따라 말하는 사람이 있는데 이는 좋지 않은 방법이다. 상사는 일의 성패를 한시라도 빨리 알고 싶어 한다. 그러므로 우선 "무엇 무엇은 잘 처리됐습니다." 또는 "무엇은 노력했지만 실패했습니다" 하고 일의 결과를 확실히 밝힌 다음, 실패한 이유, 일의 경과, 견해 등을 말하도록 한다. 특히 객관적인 사실과, 자기 의견이나 감상은 명확히 구별해 말하도록 한다. 그 경계선이 애매하면 상사가 올바른 판단을 내릴 수 없기 때문이다.

• 보고 내용이 복잡할 때는 문서로 작성해 보고한다

보고 내용이 복잡한 경우, 구두로 보고하면 쉽게 이해하기 어려울 뿐만 아니라 오해가 생길 우려가 있다. 그러므로 문서나 도표로 작성해서 보고하는 것이 바람직하다. 문서는 구두 보고와 마찬가지로 이해하기 쉽게 항목별로 구분해 작성하도록 하고 필요한 경우에는 데이터를 첨부한다. '보고가 끝나지 않은 일은 끝났다고 할 수 없다'는 것을 명심하도록 한다.

핵심을 포착하여 해결을 모색한다

일에는 보통 정형적인 일과 비정형적인 일 두 가지가 있다. 정형적인 일은 루틴 워크 Routine work 라고 하는데, 매일 되풀이되는 정규적인 일을 말하며, 비정형적인 일은 상사로부터 명령을 받아서 수행하는 것으로서 비정규적인 일을 일컫는다. 매일 되풀이되는 정형적인 일은 업무 추진방법과 기본사항들을 잘 익혀서 일을 자주적으로 해나가는 것이 중요하다. 명심해야 할 것은 항상 깨끗이 업무를 정리해두어 자기가 없어도 동료가 대신 일을 처리할 수 있도록 해놓지 않으면 안 된다는 것이다. 흔히 일을 혼자 도맡고 있으면 '내가 없으면 아무도 그 일을 못한다'는 자만심을 가지는 사람이 있는데 이처럼 어리석고 건방진 생각도 없다. 극히 일부를 제외하고는 회사 내에서 어떤 특정한 사람만이 할 수 있는 일이란 없다. 대부분의 일은 누구나 조금만 노력하면 할 수 있는 것들이다.

문제는 그 일을 얼마나 훌륭히 그리고 신속하고 능률적으로 처리하느냐 하는 업무 추진방법에 있다. 그 방법은 자기 스스로 찾아내야 하는 것이며, 바로 여기서 진정한 자기 실력이 나타나는 것이다. 그러므로 매일 하는 일에 대해서도 늘 일하는 방법을 연구, 개발하고 개선하려는 노력과 열의를 지녀야 한다. 적어도 타성적으로 일을 하는 일은 없어야 한다. 또한 정형적인 일은 반드시 어떤 하나의 흐름이 있게 마련이고 동료들과의 협조 체제 안에서 이루어지므로 주위사람들과의 협조 정신이 무엇보다도 중요하다.

그런데 비정형적인 일은 익숙해 있지 않은 일이므로, 그 내용을 잘 이해하고 추진방법을 충분히 숙고한 뒤에 착수해야 한다. 그러기 위해서는 소위 매니지먼트 사이클Management Cycle을 적극 활용할 필요가 있다. 매니지먼트 사이클이란, '계획Plan → 실시Do → 검토See'의 3단계를 되풀이하면서 일의 질을 높여나가는 방법이다. 즉, 계획이란 일을 착수할 때 어떤 순서, 어떤 방법으로 할 것인지 결정하는 것이며, 실시란 그 계획에 따라 실제로 일을 추진하는 단계이다. 그리고 그 결과를 잘 검토하여 계획대로 되지 않았으면 그 원인이 무엇인지 연구, 대책을 강구하여 다음 일에 반영시키는 것이다. 매니지먼트 사이클이 언뜻 보기에는 꽤 어려운 일처럼 생각될지 모르지만 실제로는 이미 우리들 생활 속에서도 활용되고 있다.

예를 들면, 옷을 구입할 때 여성들은 패션잡지를 들춰보거나 백화점 등에서 여러 옷들을 둘러본 다음 무슨 옷을 살 것인지 계획을 세운다. 그리고 새로 산 옷을 입고 다니면서 친구들의 반응을 보고 과연 그 옷이 자기에게 어울리는지 어떤지 검토한다. 만약 좀 화려하다는 생각이 들면, 다음에 옷을 살 때는 좀 차분한 디자인을 골라야겠다고 검토 결과를 참고하게 된다. 이처럼 'Plan → Do → See'라고 하는 것은 이미 우리의 일상생활 깊숙이 자리하고 있다. 직장에서는 이것을 다만 업무에 끌어들이는 것일 뿐이다.

비정형적인 일의 경우는 우선 그에 관한 정보를 수집, 조사해서 충분히 업무내용을 파악해두는 것이 중요하다. 그런 다음에 일을 어떻게 추진해갈 것인지 계획을 세우고 실시하도록 한다. 그리고 그 결과를 스스로 검토하여 다음 일에 반영시킨다. 비정형적인 일에도 비교적 간단한 것과, 복잡하고 어려운 것이 있다. 복잡하고 해결하기 어려운 일을 맡았을 때에는 다음의 문제해결 방법을 참고하면 큰 도움이 될 것이다. 인생을 살아가는 데 있어서도 해결하지 않으면 안 될 문제에 직면했을 때에는 다음의 방법을 취해 보는 것이 좋다.

• 문제를 명확히 이해한다

시간을 다투거나 해결하기 어려운 문제에 부딪치면 조급한 나머지 문제의 본질을 제대로 파악하지 못하기 십상이다. 급하면 급할수록 그리고 해결하기 어려우면 어려울수록 냉정하게 문제의 포인트를 잘 파악해야 한다. 문제를 잘 분석하여 핵심을 포착하는 것이 가장 중요한 일로서 이것이 잘 되어 있으면 문제는 반쯤 해결된 것이나 마찬가지다. 문제의 포인트를 잘못 짚으면 아무리 좋은 대책을 생각해내어도 문제는 공전만 할 뿐 여전히 풀리지 않은 채로 남아 있게 된다.

• **해결방법을 모색한다**

문제의 본질을 파악했으면 이젠 그 일을 어떻게 처리할 것인지 그 해결방법을 강구한다. 여기에는 다음 세 가지 방법이 있다. 첫째는 자기가 과거에 경험한 일이나 남에게서 들은 경험담을 토대로 대책을 찾아내 적용시켜 보는 방법이다. 이 방법은 상당히 성공률이 높지만 과거와 상황이 전적으로 같을 수는 없으므로 실시단계에서 약간의 수정이 불가피하다. 두 번째는 생각해볼 수 있는 몇 가지 방안을 선택, 각각의 방법에 대해 그 결과를 미리 예측해본 뒤 비교 검토하여 하나의 안案으로 좁히는 방법이다. 이는 예리한 판단과 통찰력을 요구하지만 비교적 무리 없는 대책을 강구할 수 있는 방법이다. 세 번째는 상사나 선배와 의논하여 충고를 들어보는 방법이다. 일에 숙련된 사람이나 인생경험이 풍부한 사람은 일의 해결에 큰 도움이 될 것이다. 그러나 여기서 잊지 말아야 할 것은 선배나 상사에게서 얻을 수 있는 것은 충고뿐으로 그 방안을 채택하고 안 하고는 자기 자신에게 달려 있다. 따라서 그 결과에 대한 책임도 전적으로 자기에게 있다는 것을 명심해야한다.

• **해결방안을 실시한다**

아무리 좋은 해결방안을 강구해내어도 그것을 '실천'해야 문제가 해결될 수 있다. 여기에도 몇 가지 방법은 있다. 몇 번이고 다시 할 수 있는 문제의 경우에는 '시행착오'라는 방법도 생각해볼 수 있다. 오른쪽으로 가 보고 잘못됐으면 다시 왼쪽으로 가 보는 방식으로 실패를 거듭하면서 올바른 해결방안을 찾아내는 방법이다. 문제에 여러 조건이 얽혀 있어 하나하나 검토해보아도 적절한 방안을 찾을 수 없을 때는 직관에 의존하는 방법을 생각해볼 수 있다. '직관'이라고는 하지만 이는 당사자의 누적된 경험과 무의식적인 판단력에 달려 있는 것이므로 아무나 채택할 수 있는 방법은 아니다.

결국은 끊임없는 연구가 가장 중요한 것이다. 또 다른 방법은 하나하나 단계를 밟아 가면서 쌓아올리는 방법으로, 각 단계마다 결과를 확인할 수 있어 정확성을 기할 수 있지만 이용 범위가 좁은 것이 단점

이다. 중요한 것은 이번 문제를 해결하면 그것으로 끝낼 게 아니라 그 결과를 체크해서 미흡한 점이나 문제점을 보완해두어, 다른 문제에 부 딪쳤을 때 참고가 될 수 있도록 정리해 두어야 한다는 것이다. 문제는 언제나 발생하기 마련인 것이다.

지시·명령에는 능숙하게 대응한다

일은 상사의 지시에서부터 출발된다. 가령 자신에게 좋은 아이디어 가 있더라도 상사와 의논하여 상사가 좋다고 해야 비로소 실천에 옮기 게 된다. 일의 실천은 상사의 지시에 의해서 시작되기 때문에, 그 지시 를 잘못 받으면 후에 당치도 않은 결과가 나와 버리는데 그때는 이미 늦어 되돌리기 어렵다. 지시·명령을 올바르게 받는 것은 일의 기본 중 의 기본이다. 지시·명령을 받아들이는 방법의 기본을 생각하고 모두 바른 지시·명령을 받도록 항상 주의하도록 한다.

지시받을 때의 기본으로서 상사가 부르면 들을 수 있는 목소리로 "예"라고 대답한 후 메모용지와 필기도구를 준비하고 상사에게로 간 다. 상사 앞에서 가볍게 인사하고 바른 자세로 서서 지시내용을 메모 하면서 끝까지 듣는다. 지시내용을 들을 때는 5W2H Who, When, What, Where, Why, How, How much 가 누락되지 않도록 하고, 숫자·고유명사·인 명은 특히 정확하게 들어야 한다. 질문은 되도록이면 지시가 끝나고 나 서 하도록 한다. 특히 언제까지 실행하고 언제 보고해야 하는가 하는 사항은 매우 중요하다는 것을 잊지 않는다. 지금 하는 일과 겹치는 경우는 자의적으로 판단하지 말고 상사에게 물어봐야 한다.

보고는 빠르고 간결·정확하게

지시·명령의 기본이 가능하면, 그다음은 '보고'이다. 보고가 있어야 비로소 일이 끝나는 것이므로 보고는 일의 마무리에 해당된다. 능숙하게 보고하여 업무의 질을 높이기 바라며, 보고의 포인트에 관해서 재확인해보기로 하자.

보고의 기본 첫째는 지시한 상사에게 '직접' 보고한다는 것이다. 타인을 사이에 두고 보고하는 것은 보고가 될 수 없다. 보고는 '결론 → 이유 → 경과' 순으로 한다. 5W2H에 의해 정확하고 간결하게 보고하는 것이 포인트지만, 사실과 의견은 확실하게 구별해야 한다. 있는 그대로의 사실을 먼저 언급하고 자신의 의견이나 감상은 미리 양해를 구하고 난 다음에 하는 것이 좋다.

내용이 복잡한 경우는 적절한 자료를 첨부해 상사가 이해하기 쉽도록 연구하여 전달하면 이해가 빨리 전달된다. 보고내용의 긴급도·난이도·중요도에 따라서 구두로 보고하든지, 문서로 보고하든지 적절한 방법을 취하도록 한다. 급한 경우, 극히 간단한 내용인 경우는 구두보고가 편리하고, 복잡한 내용이나 기록으로 남겨두고 싶은 내용, 정기적인 보고는 문서보고로 행하는 것이 좋다. 어디까지 일이 진행되고 있는지 모르는 것이 나오거나 긴급을 요하는 사태가 발생한 때는 중간보고를 해야 하며, 일이 완료되었을 때는 끝났다는 보고를 해야 한다. 일이라는 것은 완료했다는 보고가 없으면 끝났다고 할 수 없기 때문이다.

보고에서 가장 중요한 것은 잘 되어가지 않는 것이나 곤란한 문제 등 나쁜 사항을 먼저 보고한다는 것이다. 빨리 보고하면 그만큼 빨리 대책을 세울 수 있기 때문이다. 대체로 도저히 손을 쓸 수 없게 된 상황이 되어서야 비로소 "죄송합니다"라고 보고하는 사람이 있다. 그 경우 "왜 좀 더 빨리 보고하지 않았는가"라고 야단맞은 경험이 있을 것이다. '이러한 사소한 것까지 일일이 보고하지 않아도 괜찮겠지'라고 판단해서 보고하지 않았다는 변명이 많은데 그것은 큰 잘못이다. 자기 멋대로 판단하지 말고 '있는 그대로' 보고하는 것이 가장 중요하다는 것을 명심해야 한다.

항상 메모하는 습관을 기른다

선배인 A씨의 사례이다. A는 거래처 영업사원인 B씨에게 이전에 구매한 상품의 추가발주와 납기일 등을 부탁했다. B씨는 "예, 알겠습니다"라고 큰소리로 대답한 후 돌아갔다. B씨가 메모도 하지 않고 확인도 하지 않고 돌아갔기 때문에 A씨는 몹시 걱정이 되었는데 아니나 다를까 얼마 후에 다시 한 번 알려달라는 전화가 왔다. 메모를 하지 않고도 들은 것 전부를 기억한다는 것은 거의 불가능하다. 또 메모한다는 것은 상대에게 진지하게 듣고 있다는 자세를 표현하는 것이기도 하며 매너라고도 할 수 있다. 따라서 항상 수첩을 갖고 다니면서 그 상황의 중요한 지시나 대화를 메모로 남기는 것이 중요하다. 메모가 필요한 경우를 예로 들면, 회의나 미팅에 출석할 때, 토의된 사항이나 결정된 사항 등을 메모로 남기는 경우 등이다.

상사가 부르면 항상 수첩을 지니고 가서 지시나 대화의 내용 등을 메모하는 것을 잊지 말아야 한다. 또 업무상 외출하거나 거래처를 방문했을 때에도 용건을 정확하게 메모해둔다. 거래처에서 방문을 하였을 때는 방문객이 이야기한 내용을 간단하게 기재해두어야 하며, 강연회나 강습회, 세미나에 참석한 경우 줄거리나 포인트를 메모한다.

메모를 해두면 반드시 나중에 도움이 된다. 영업일지나 업무일지를 쓸 때도 메모가 있으면 한결 쓰기가 쉬울 것이다. 메모는 5W1H로 쓰는 것이 포인트이다. When, Where, Who, Why, What, How 등, 여기에 따라 메모하면 완벽할 것이다. 특히 전화를 받는다거나 연락해야 할 용무가 있을 때에도 이 5W1H를 응용하여 누락이 없게끔 전달하도록 생활화하도록 한다.

준비를 갖추고 방문한다

가능성 있는 거래처를 방문하여 상담을 진행하는 것은 비즈니스이다. 고객을 기다려 판매하는 것보다 이쪽에서 나가서 상담을 성립시키는 것으로 회사가 움직이는 것이 대부분이다. 방문한다는 것은 매우 중요한 행동이고 방문에 성공하는 것과 실패하는 것에는 큰 차이가 있다. '성공하는 방문'의 기본동작에 관해서 알아보자.

우선 첫째, 방문하기 전에 주도면밀하게 준비해야 한다. 방문하는 데 있어서 반드시 방문처의 사람과 약속을 해야 하고, 그때 방문의 목적이라든가 일시, 소요시간, 방문자 명, 인원 수 등을 확실하게 전달한다. 더 나아가서는 필요한 자료나 명함 등을 준비한다. 출발한 후에 잊은 물건을 생각해내면 그만큼 시간이 낭비되는 것이다. 또 약속시간에는 틀림없이 도착하도록 교통수단을 잘 생각한 후 여유를 갖고 출발한다.

둘째, 행선지에 도착하면 들어가기 전에 복장이나 몸가짐을 정돈한다. 코트를 입고 있는 경우는 현관 앞에서 반드시 코트를 벗는다. 또 상의를 벗고 있는 경우에는 현관 앞에서 반드시 다시 입을 것을 잊지 않도록 한다. 만약 도중에 사고가 생겨 늦어질 경우에는 행선지와 직장에 신속하게 연락해둔다.

무슨 일이든 처음이 중요하다. 비즈니스를 성공시키고자 한다면, 처음의 행동이 상대방에게 강한 이미지를 준다는 것을 염두에 두어야 한다. 항상 약속시간 5분 전에는 약속장소에 도착해야 한다. 이러한 행동이 상대방에게 신뢰감을 주는 것이다. 약속시간에 늦어서는 신용을 얻을 수 없다. 준비가 갖추어지면 자신에게도 자신감이 생기게 되고 태도나 행동으로 나타나게 되므로 방문 전의 준비 자체만으로도 승부가 결정되는 것이다. '준비가 갖추어지면 두려움이 없다'는 말이 있다. 준비가 완벽하면 걱정할 필요가 없다. 자신감을 가지고 방문한다.

열의·성의가 전달되게끔 말한다

영업활동의 기본은 거래처에 '좋습니다, 해봅시다'라는 의욕을 불어넣는 것이다. 그러기 위해서는 열의가 전달되는 화술이 필요하다. 상대가 '별로 상관없는데'라고 생각되면 영업은 성립될 수 없다. 열의와 성의가 전달되어야 비로소 상대를 움직이게 할 수 있는 것이다. 그러면 어떤 방식으로 말하는 것이 좋은지 그 포인트를 확인하고, 성공률이 높은 영업활동을 알아보자.

첫째, 말할 때는 겸허한 자세로 열의 있게 말하는 것이 필요하다. 발음은 어미까지 확실히 들을 수 있도록 명료하게 말하고, 너무 큰소리라든가 된소리, 낮은 소리, 작은 소리는 알기 어려우므로 피해야 한다. 또 순서를 정해 요령 있게 말하는 법을 항상 염두에 두어야 한다. 일방적으로 떠들어 대거나 빠르게 말하는 것은 오히려 고객에게 번거롭다는 인상을 주게 된다. 적당한 사이를 두면서 이야기하고 고객이 생각하

거나 맞장구칠 여유도 주어야 한다.

둘째, 이야기하는 것과 함께 중요한 것은 듣는 것이다. 자신만 이야기하지 말고 고객이 하고자 하는 이야기를 충분히 듣거나 질문을 던져 고객의 이야기를 끌어내야 한다. 사람은 누구나 이야기할 때 상대가 착실히 들어주기를 기대하고 있다. 들을 때는 메모하거나 가볍게 고개를 끄덕여 듣고 있다는 것을 태도로 나타내 보여야 한다.

이상이 주의해야 할 두 가지 규칙이지만 이 밖에도 주의해야 할 것이 있다. 불분명한 것에 관해서는 정확히 질문하여 후회가 남지 않도록 해야 한다. 그러나 이야기의 허리를 끊어서는 안 되므로 전부 듣고 나서 질문하는 것이 바람직하다. 업무 이외의 쓸데없는 이야기는 피하고 항상 회사의 대표자 신분으로 방문했다는 사실을 의식하고 상담을 진행한다는 것을 기억해두어야 하겠다. 자신의 발언은 항상 회사의 의향으로서 받아들여진다는 것을 잊지 않아야 한다.

업무에 Plan·Do·See를 활용한다

가능한 한 효율성이 높은 업무를 추진하는 것이 생산성도 오르고, 업무에 흥미 재미 도 있다. 재미있고 신속하게 효율적인 업무를 추진할 수 있는 요령은 무엇일까? 그 기준이 'Plan·Do·See'이다. Plan·Do·See를 하루의 업무에 적용시키는 방법을 연구하여 실천하도록 하자.

업무에는 '목표 → 계획 → 실행 → 평가'라고 하는 사이클이 있다. 일을 할 때에 항상 염두에 두고 업무를 추진하면 무리나 낭비를 없앨 수 있다. 업무를 시작할 때는 업무의 목적을 이해하고 무엇을 어디까지 할 것인가 하는 달성목표를 명확히 해야 하며, 목표 무엇을, 언제까지, 어디까지를 보다 효율적으로 달성할 수 있는 방법을 고안해내는 계획 plan을 세워야 한다. 이후 계획을 정확하고 신속하게 실행한다.

그런데 계획에 따라서 실행은 하지만 예정대로 진행되지 않는 경우도 있다. 계획을 변경하지 않을 수 없게 되었을 경우에는, 반드시 상사에게 보고하여 지시를 받는 것이 좋다. 독단은 금물이다. 업무가 끝난 후에는 목표가 계획대로 달성되었는지를 확인해야 한다. 잘 되지 않았을 경우에는 그 원인을 생각해보고 잘 되었을 경우에도 어디가 어떻게 잘 되었는지, 그 이유가 무엇인지 돌이켜봄으로써, 다시 비슷한 업무를 반복해서 할 경우 더욱 효율적으로 할 수 있게 된다.

자동차 운전에서도 목적지에 도착할 때까지의 길을 어떻게 선택하면 빠르게 도착할 수 있는가를 궁리하는 것은 계획에 해당된다. 또 목적지에 도착했을 때, 이 도로를 통과하여 좋았다든가, 저 도로를 통과할 때는 주의해야지 하고 반성하는 것은 자신의 운전을 평가하는 것이다. 더욱 안전운행을 하려고 명심하여 돌이켜 생각하면, 다음 번 운전은 안전에 만전을 기하게 될 것이다. 마찬가지로 이러한 검토와 반성사항을 다음 업무에 활용하는 것이 비즈니스의 기본이다.

일반론으로서 Plan·Do·see를 이야기하면, 그것에 대해서는 잘 알고 있다고 말한다. 그런데 실제로는 좀처럼 Plan·Do·See로 업무를 추진하기가 어렵다. 현실과 이상에 갭이 너무 크기 때문이다. 오히려 직장의 하루 업무를 정하고, 그 업무의 어디에 Plan·Do·See가 적용될 것인지를 살펴보는 편이 오히려 이해하기가 쉽다.

업무는 우선순위를 확인하며 처리한다

업무가 중복되었을 때, 어떠한 순서로 업무를 처리하는 것이 현명할까? 업무는 되는 대로 해도 상관없는 것이 아니다. 먼저 완수해야 할 업무와 나중에 해도 좋은 업무가 있다. 쉬운 업무, 좋아하는 업무부터 시작하고 싶겠지만 그렇게 해서는 곤란하다. 쉬운 업무라든가 곧바로 할 수 있는 업무라고 해서 먼저 하게 되면, 중요한 업무가 뒤로 미뤄지게 되므로 결국에는 약속한 납기일이나 약속한 시간에 맞추지 못하게 될지도 모른다. 무엇부터 착수하는 것이 좋은지, 어느 것을 먼저 해야 하는지 우선순위를 정하여 처리하는 판단력이 요구된다. 그러므로 업무는 우선순위를 정하여 일하도록 한다. 그 순위를 정하는 것은,

- 마감(언제까지 하지 않으면 안 되는가)
- 중요도(어느 업무가 더 중요한가)
- 성질(혼자 할 수 있는 업무인가, 상대의 형편에 좌우되는 업무인가)

회사에서는 정해진 마감일까지 업무를 끝마치는 것이 가장 중요하다. 업무에는 흐름이 있으므로 하나의 업무가 정체되어 버리면, 그 뒤

에 이어지는 모든 업무에 영향을 주게 되므로 면밀하고 실행 가능한 스케줄을 세워서 업무를 추진하지 않으면 안 된다. 또한 오늘의 일은 오늘 중으로 처리하는 것이 바람직하다. 잘 모르는 업무라고 해서 뒤로 미루지 말고, 상사나 선배에게 상담하여 처리한다. "묻는 것은 한때의 수치, 묻지 않아서 모르는 것은 일생의 수치"라고 하는 말이 있다. 가르침을 청하는 것은 조금도 부끄러운 행위가 아니다. 또한 대강의 판단이나 아는 듯한 태도로 업무를 처리하면 큰 실패로 연결되는 경우가 있기 때문이다.

하지만 모든 업무를 "어떻게 하면 좋은가?"라고 물어보러 가는 것도 곤란하다. 자기 나름대로의 견해로 "이렇게 하고 싶은데 어떨까요?"라고 의뢰하는 것도 중요하다. 제일 처음에는 가르침을 받고, 두 번째부터는 자기 나름대로 실행해보고 나서 "여기까지 했는데 앞으로 어떻게 하면 좋을까요?"라는 식으로 가르침을 청하는 것이어야 한다. 3,000m인 산을 오르는 데 있어서 초보자가 처음부터 3,000m인 산에 도전하면 실패할 확률이 크다. 그러한 때는 우선 1,500m인 산에 도전하여 성공한 후 3,000m에 도전하는 것이다. 목표를 높게 설정한다는 것은 중요하지만, 지나치게 높아도 의욕을 상실하게 된다. 자신의 힘을 최대한으로 발휘할 수 있는 목표를 설정하는 것도 목표를 달성하는 기술 중의 하나이다.

목표달성이 3개월이나 1년 등의 장기간을 필요로 할 경우에는 중간목표를 설정하여 실행한다. 그렇게 하면 중간목표는 최종목표에 비하여 실현가능성이 높아진다. 어렵더라도 중요한 업무부터 처리하는 습관을 들이자.

업무의 흐름을 이해하여 성과를 올린다

업무에는 일련의 흐름이 있다. 그것은 순서나 절차라고도 불린다. 현장에서 제품이나 부품을 제조할 때는 공정이라고 불리는 것과 마찬가지로 업무에는 기본이 되는 과정이 있다. 지시받은 업무에 대해서는 다음과 같은 과정으로 업무를 추진하면 실수 없이 성과를 올릴 수 있다.

첫 번째 과정은 업무의 지시·명령을 받는 것이다. 업무에 착수할 때, 업무의 추진방법에 대해서 상사로부터의 지시가 있을 것이다. 그때 그저 말하는 것을 그대로 듣고 있는 것이 아니라, 업무의 목적을 확실하게 파악하는 것이 중요하다.

- 목적은 무엇인가
- 왜 그것이 필요한가
- 언제 실행하면 좋은가
- 어디까지 하면 좋은가
- 어떻게 하는 것이 가장 좋은가

둘째, 관련 있는 자료·정보를 수집하는 것이다. 업무의 계획이나 수행에 필요한 장표, 데이터, 정보를 수집한다. 셋째, 업무의 순서·방법을 생각하는 것이다. 장시간을 요하는 업무일수록 추진하는 순서나 이용방법에 따라 능률 면에서 차이가 나기 마련이다. 그리고 몇 개의 안案 가운데에서 가장 합리적인 업무방법을 결정한다. 넷째, 스케줄이다. 장

시간이 소요되는 업무일수록 스케줄표를 확실하게 작성하지 않으면 안
된다. 그리고 다섯째는 실행이다. 계획한 순서·방법을 틀림없이 착실하
게 자신감을 갖고 실행하는 것이 중요하다. 예정과 실제의 진행 상태를
그때마다 체크하여, 계획의 지연이나 문제가 발생하면 정확한 상황을
상사에게 곧바로 보고하여 지시를 받아야 한다. 도중에 계획에서 크게
벗어나거나 어긋나면 '질質의 면, 기간, 비용' 등을 다시 한 번 검토·평
가를 해야 한다. 기대한 대로의 성과가 나오지 않는 경우는, 그 원인을
확실히 해서 대책을 세워야 하므로 상사와의 연락을 긴밀히 하여 상담
이나 보고를 하는 것이 무엇보다 중요하다. 여섯째, 업무가 종료되면
우선 제일 먼저 그 업무를 지시한 상사에게 결과를 보고하여 마무리를

짓는다. 이렇게 해서 업무가 종결되는 것이다. 보다 나은 업무로 추진해가기 위해서는 업무가 종결되었을 때 관계자가 모여 반추하는 모임을 갖는 것도 대단히 효과적인 일이다.

문서나 보고서를 꾸준히 정리한다

비즈니스 문서의 기본은 간단하다. 문서작성 시 다음의 기본을 의식하여 활용하면 좋다. 비즈니스 문서에 의한 정보전달의 기본은 첫째, 정확하게 쓰는 것이다. 오자誤字가 있어서는 곤란하므로 제일 먼저 누군가에게 읽어보도록 권하는 것이 좋다. 또 전달하고 싶은 내용을 정확하게 표현하지 않으면 안 된다. 그러기 위해서는 주어와 술어를 명확히 하고, 애매한 표현이라든가 해석이 불가능한 표현은 피해야 한다. 예를 들면, '~라고 생각합니다'라는 것은 누가 생각하는 것인지 확실하지 않은 경우가 많다. 의견이 있을 때는 '제가 느낀 것은…'이라든가 '제 의견으로는…'이라는 표현을 쓰면 좋다. 사실과 추측이나 판단은 명확하게 구별하는 것이 중요하다.

둘째, 알기 쉽게 쓴다. 무엇에 대해서 쓴 것인지 표제어를 확실하게 제시해야 한다. 그리고 결론을 쓴 후 경과나 이유를 서술하는 순서이다. 이 순서에 따라서 쓰는 것만으로도 알기 쉬운 문장이 될 것이다. 또 조항별로 쓰는 것도 알기 쉬운 문장이 된다. 표현상 주의해야 할 것은 추상적인 표현은 사용하지 않는다는 것이다. 사실을 구체적으로 나타내는 표현이 좋다. '대체로 잘 되었습니다'라는 등의 표현을 쓰게 되면 읽는 쪽은 그 뜻을 분명히 알기가 어렵기 때문이다.

그 외에 주의할 것으로는, 중요한 것부터 차례대로 쓰는 것이다. 요점별로 단락을 나누어 내용을 곧바로 알 수 있도록 표제어를 붙이면 한층 더 알아보기가 쉽다. 자료 등을 첨부할 경우에는 나중에 정리하여 별지 ①, ②로 구분하는 것이 좋다. 문서는 긴 것이 좋은 것이 아니다. 짧고 간결하게 말하고 싶은 것을 전하는 것이 좋다. 문서나 보고서를 꾸준히 정리하면 문서력 文書力 은 저절로 길러진다.

보고서는 잘 쓰면 시간을 절약할 수 있다

우리 주변에서 사용하는 문장으로는 '사내 발신문서, 품의서, 보고서, 의사록' 등이 있으며, 각각 쓰는 방법이나 양식이 다르다. 품의서는 보통 '새로운 행동방식을 채택하고 싶은데 어떠한지'라는 승인을 받는 서류이다. 따라서 '현재의 행동방식은 이러한데 이것을 이러한 새로운 방식으로 채택하면 이러한 장점이 있다'라든가 그 외에 어떤 이점이 있다고 하는 것을 명확하게 호소하는 데에 그 포인트가 있다. 단지 '이러한 것을 하는데 승인해 주십시오'라는 것만으로는 설득력이 부족하다. 품의서는 의사결정에 관계되는 중요한 문서인 만큼 사정을 잘 알고 능숙하게 쓰는 것이 중요하다.

대중적인 것으로는 '보고서'가 있다. 업무의 추진상황이나 실시 결과, 사내·외의 정세변화 등에 대해서 보고할 경우 보고서를 작성한다. 우선 보고서는 시기를 놓치지 않게 제출해야 하며, 제출기일을 엄수하지 않으면 안 된다. 보고서 내용은 보고 대상의 필요도에 맞추어 간결하게 쓰는 것이 중요하다. 보고서 형식이 있는 경우에는 그것을 사용하는 것이 좋으며, 없는 경우에는 방법을 연구하여 생각해내야 한다. '품의서'는 설득을 목적으로 하는 문서이며, 보고서는 알리는 것을 목적으로 하는 문서이다. 문서에 따라서 목적이 다르다는 것을 알아야 한다. 설득력이 있는 문서는 기승전결이 기본이다.

보다 나은 문장을 쓰는 다섯 가지 포인트

- 문장은 간결해야 한다.
- 쉬운 말을 사용한다.
- 요점을 조항별로 쓴다.
- 구두점을 정확하게 찍는다.
- 표제의 문장과 내용이 일치해야 한다.

보관서류의 활용으로 사무능률을 향상시킨다

'문서·서류·메모'는 그 작성에 많은 사람의 노력이 들어 있으므로 돈으로는 살 수 없는 소중한 가치가 내포되어 있다. '서류'는 직장의 공용재산이다. 소중하게 취급하고 유효적절하게 사용하지 않으면 안 된다. 서류의 취급방법과 정리정돈에 대해서 알아보자.

서류의 정리정돈은 미루지 말고 그날 안으로 처리하도록 한다. 하나의 업무가 처리되면 그 관계서류를 정리하여 파일링한다. 누락되어 버리면 정리가 번잡하게 되며, 분실할 우려도 있기 때문이다. 미처리 서류는 누구나 알기 쉽게 해두고 만일 자신이 부재중이더라도 타인이 쉽게 처리할 수 있도록 해두는 것이 바람직하므로, 미처리홀더도 작성해두는 것이 좋다. 서류는 직장 공용의 것이므로 타인을 고려하여 조심스럽게 취급한다. 서류의 파일링은 직장의 서류파일링 시스템에 따라서 파일링하면 된다. 누구나 필요한 때에 곧바로 이용할 수 있도록 해두어야 한다.

서류 정리에 있어서 불필요한 것을 언제까지나 보관해두면 정리에 방해가 된다. 그래서 각각의 서류에는 보관기한이 정해져 있고 보관기한이 지난 서류는 상사의 지시에 따라 서류보관 창고에 넣거나 폐기처분한다. 회사의 업무실정을 조사해보았더니 하루 사무시간의 30%가 서류를 찾는 시간이었다는 것이다. 가끔 방금 넣은 서류가 다시 나오지 않아 안절부절못하는 경우도 있다. 서류 찾기는 사실 유쾌한 일은 아니다. 끝끝내 발견되지 않아서 서류 없이 해버리기도 하고, 다시 작성할 때도 있다. 또 '누가 보관했다'라든가 '자신은 보관하지 않았다'라는 등의 트러블의 원인이 되기도 한다. 가정에서도, 중요한 서류를 분실하여 큰 소동이 일어나기도 한다.

어느 조사에 의하면, 직장에 있는 서류의 90%가 반년이 지나면 이용가치가 1/10이 되고, 90%의 서류가 1년이 지나면 이용가치가 제로가 된다고 한다. 결단을 내려서 '버리는 것'을 실행하는 것이 정리의 첫걸음이다.

버리기 위한 기준을 만들자. 혹시 도움이 될지도 모른다고 생각하기 때문에 남겨두게 되는데, 지금까지 도움이 되지 않았던 것은 앞으로도 도움이 되지 않는다는 발상으로 정리하자. 서류는 정보를 집약한 재산이므로 활용될 때 가치가 있다는 것을 알아두어야 하겠다.

회사를 대표하는 편지문서는 정중하게 쓴다

한 장의 엽서나 편지가 고객과 좋은 거래관계를 맺어주기도 하고, 반대로 답변을 쓰지 않아 거래가 끊겨 버리기도 한다. 사외로 보내는 편지나 문서는 그 정성의 정도에 따라 상대방과의 관계가 좋아지거나 나빠지게 한다. 좋은 관계를 맺게 해주는 편지나 문서작성 방법에 대해서 알아보자.

'편지문서'란 고객 등 사외에 대해서 발신하는 문서를 말한다. 그 종류로는 '의뢰, 회답, 통지, 사례, 사과, 위문' 등이 있다. 일을 하다 보면

서두르기 때문에 자칫하면 실수하는 경우가 많은데, 상대방은 그런 사정을 이해해주지 않는다. 바쁜 만큼 신속·정확하고 정중하게 하는 것이 중요하다. 그러면 통신문이나 편지에서 배려하지 않으면 안 되는 것은 무엇일까? 문서에 오자·탈자가 있거나, 논지가 확실하지 않은 부분이 있으면 그것을 받은 상대방은 발송인 회사에 대해서 호감을 갖지 않을 뿐만 아니라, 그 능력이나 품격을 의심하게 된다. 편지문서는 고객과의 관계에 매우 큰 영향을 주는 중요한 것이므로 다음과 같은 점을 염두에 두고 정중하게 발신해야 한다.

- 문서는 정중하고 무례하지 않도록 주의해야 한다. 다만 장황하거나 산만하고 도가 지나친 정중함이 되지 않도록 한다.
- 어려운 어휘와 고어적인 표현은 피하고, 평이하고 간결하며 이해하기 쉬운 현재적인 표현을 쓰도록 한다.
- 오자·탈자는 가장 큰 실수이다. 문서를 작성하면 반드시 다시 읽어보도록 한다.

이상으로 편지문서는 신속·정확·정중이 원칙이다. 회사를 대표한다는 마음가짐으로, 정중하고 정확하고 신속하게 발신해야 한다.

자신감을 가지고 자기 의견을 발표한다

최근 들어서는 다른 사람들 앞에서 이야기나 발표를 해야 할 기회가 점점 증가하고 있다. 그럴 때에 긴장하여 굳어버리는 것은 좋지 않다. '굳어버린다'는 것은 정도의 차이는 있지만 누구에게나 있는 것이다. 남 앞에서 긴장하지 않기 위해, 어떤 경우에 남 앞에서 굳어버리는가를 조사해보았다.

첫째, 사장이라든가 중역 등 지위가 높은 상사 앞에 나섰을 때에는 몸이 굳어버려서 생각대로 말이 나오지 않게 된다. 또한 회의라든가 많은 사람 앞에서 이야기할 때도 굳어져서 자신이 하고자 하는 내용을 잊어버리고 엉뚱한 말을 해버리기도 한다. 이것은 상대자가 자신보다 지위가 높다거나 뛰어나다고 하는 암시에 걸려, 불안이나 공포심으로 인해서 냉정을 잃고 판단력을 마비시켜버리기 때문이다. 또한 자기 자신에게 자신감이 없으므로 남들이 자신의 말을 어떻게 생각할까 두려워서 이야기할 수 없게 된다. 굳어버리는 것은 경험 부족에서 오는 경우가 많기 때문에 익숙해지면 점차로 나아지므로 걱정할 필요는 없다.

따라서 가능한 한 많은 경험을 쌓아 익숙해지는 것이 답이다. 사장이나 중역들 앞에서도, 사내 회의에서도 뒤로만 빠지지 말고 적극 앞으로 나서야 한다. 굳어버린다고 해서 타인 앞에 나서는 것을 회피하다 보면 이런 습관이 잘 고쳐지지 않는다. 준비와 연습을 통하여 자신이 생기면 긴장하지 않게 되는 것이다. 이야기할 내용을 잘 음미하여 연습을 거듭하고 경험을 쌓아야만 비로소 능숙하게 이야기할 수 있게 된다.

 **사람들이 연설을 듣고 싶어 하지 않는 것은 주로 다음과 같은 원인 때문이다.**

- 이야기하는 사람의 태도가 나쁘다.
- 이야기의 시간이 길고 지루하다.
- 의미가 불분명하다(무엇을 말하고자 하는지 알 수 없다).
- 이야기의 내용이 흥미롭지 않고 시시하다.
- 강연장소의 분위기가 나쁘다.

 **화젯거리가 부족할 때는 어떻게 하는 것이 좋을까?**

- 명언이나 에피소드, 속담을 인용한다.
- 연수나 출장에서 들은 화제라든가 체험한 것을 인용한다.
- 선배나 상사에게서 들은 체험담을 소개한다.
- 신문이나 잡지, 전문서적에서 얻은 지식을 소개한다.
- 말의 어원(語原)에서 얻어진 화제
- 퇴근 후의 화제
- 조사 자료나 데이터를 이용한 화제(거리에서 100명의 여대생에게 묻다 등)
- 생활의 지혜, 생활의 힌트 등
- 특이한 말을 사용한 화제
- 모두가 할 수 있는 간단한 게임

05

직장생활의 성공, 자기계발을 하라

어 떻 게
인정
받을 것인가

　자기 '계'발이 맞는 표기일까, 자기'개'발이 맞는 표기일까? 명확히 답을 하자면 둘 다 맞는 의미이자 맞는 표기법이다. 하지만 '자기계발'이란 무엇인가 하고 물으면 선뜻 대답하기가 곤란하다. 사전적으로 말하자면, 자기계발이란 인간의 내부에 잠재되어 있는 능력이나 재질·재능 등을 밖으로 드러내어 발휘할 수 있도록 일깨워주거나 이끌어주는 것을 말한다. 주로 사람의 개인적 능력이 대상이 된다. 스스로 세운 목표를 달성하기 위해 지식이나 기능을 익히고자 노력을 계속하는 것을 뜻한다.

자기계발을 하기 위해서는 첫째 우선 스스로 '목표'를 세워야 한다. 자신의 업무와 장래를 고려해 현재 자신에게 부족한 것이 무엇인지, 또 어떤 기능과 지식이 필요한지 깊이 생각해보도록 한다. 그리고 그것을 자기 나름대로 정리하여 자신이 도달해야 할 목표를 세우는 것이다. 목표가 확고히 정립되어 있지 않으면 자기계발은 단순히 연구를 위한 연구가 되기 쉽고 실제로도 큰 도움이 되지 않을 우려가 있다.

두 번째는 '문제의식'을 가져야 한다는 것이다. 업무와 인생에 관해서 문제의식을 가지고 연구하지 않으면 완전히 자기 것으로 소화시킬 수가 없다. 가령 한 권의 두꺼운 책을 읽는다고 하자. 문제의식을 가지지 않고 읽는다면, 그저 단순히 책 한 권을 읽었다고 하는 자기만족으로만 남게 된다.

하지만 문제의식을 가지고 있으면 몇 페이지 안 되는 팸플릿을 읽어도 거기서 얻는 것은 엄청나다. 문제의식이란 자신의 직무를 자각하고 명확한 목표를 세우기만 하면 자연스럽게 생겨난다. '왜 이래야만 하나, 왜 이렇게 해서는 안 되는가' 하는 의문이 바로 문제의식이다. 그 의문을 현재상황이나 개선점에 결부시켜 생각해보고 연구해야 한다. 문제의식을 지니면 같은 일이라 하더라도 그 처리방법에 차이가 생기고 그것이 거듭되면 결과가 크게 달라지는 것이다.

세 번째는 '학습'하는 것이다. '학습'이란 책이나 신문, 텔레비전을 보거나 또는 다른 사람들의 이야기를 듣거나 검색을 통해서 새로운 지식이나 기능을 몸에 익히는 것을 말한다. 여기서도 문제의식의 유무가 크게 작용한다. 학습도 그저 아무것이나 흥미 있는 것만을 읽는 것이 아니라, 목표에 맞춰 체계적으로 계획을 수립할 필요가 있다. 바쁜 사람의 경우는 매일매일 조금씩 시간을 내어 학습하는 것이 바람직하다.

네 번째는 '경험'을 쌓는 일이다. 그것이 지식이든 기능이든 단순히 관념적인 것으로만 끝나서는 안 된다. 실제 업무와 생활 속에서 체험을 통해 소화되고 이해되어야만 완전히 자기 것이 된다.

다섯 번째는 새로 익힌 지식이나 기능을 자기 나름대로 다시 '정리하고 취합'해두는 일이다. 정리와 비축이 없으면 체험은 그저 체험으로 끝나고 말아 자기계발로 연결되지 않는다. 경험과 학습한 것을 자기 나름대로 정리해두면 무슨 일이 있을 때 큰 도움이 되며, 나아가서는 자신을 변화시키는 기초가 된다.

자기계발이란 이 다섯 가지를 기본으로 하여 자발적으로 노력해가는 것으로써, 자기 능력을 향상시키는 데 있어 이 범주를 벗어나는 일은 드물다. 그렇다면 구체적으로 자기계발을 추진시켜 나가는 방법에 대해서도 알아보기로 하자. 우선은 자신이 세운 목표에 알맞은 방향을 설정하는 일이 중요하다. 무엇보다도 자기가 좋아하는 일, 자기가 가장 자신 있는 일에 초점을 맞추자. 내가 흥미 없어 하는 일은 결국 오래 계속할 수 없으며 또한 그렇게 해서는 결코 자기 것으로 소화시킬 수도 없기 때문이다.

그리고 자신이 세운 목표를 달성하기 위해서는 스스로를 끊임없이 격려해가는 강한 의지가 필요하다. 자기계발은 누가 강요해서 하는 일이 아니기 때문에 의지가 강하지 않으면 쉽게 포기해 버리기 쉽다. 일이 바쁘거나 피곤하면 그만 게을러지거나 싫증이 나게 마련이다. 그러므로 될 수 있으면 생각이 같은 사람들이 모여 자주 모임을 가지고 생각을 나누는 것이 좋다.

신입사원에게 요구하는 자세 중 가장 중요하게 꼽는 것 중의 하나는 '배우려는 자세'이다. 우리는 누구나 처음에는 무엇을 어떻게 해야 좋을지 모르기 때문에 선배가 일하는 모습을 흉내 내거나 모방하면서 배우게 된다. 또 일하는 방식이나 방법에 관해서는 다른 사람으로부터 배우면 좀 더 발전할 수 있으므로 일하는 방법을 열심히 듣고 보고 배운다. 사람은 때에 따라 자신의 일하는 태도나 행동에 관해서 조언을 듣는 일이 있다. 예를 들면, "생각을 하면서…"라거나 "대충대충 하지 말고…" 등의 말이다. 그러나 일의 방식에 관해서는 충분히 들을 준비가 되어 있지만, 자신의 태도에 관한 주의에 대해서는 부정적인 반발이 앞서는 경우가 많다. 이러한 자세는 선배로부터 무엇을 잘 배운다는 것을 불가능하게 만든다. 자신이 성장한다는 것은 우선 일할 수 있는 인간이 되는 것이지만, 단순히 업무의 순서를 안다든가 문서를 작성할 수 있는 것이 아니다. 그러한 부분을 포함하여 팀으로서 주변사람과 함께 일하는 것이 진정한 의미의 일할 줄 아는 사람이다.

자신의 태도나 사고방식에 대해 다른 사람으로부터 지적을 받을 때는 우선 듣는 자세를 갖추도록 한다. 듣는 자세를 갖추면 새로운 것이 보이게 된다. 잠시 귀를 기울여 잘 듣고, 거기에 자신의 판단을 더하면 한층 더 높은 수준으로 상황이나 문제에 대처할 수 있을 것이다.

듣는 자세를 갖추면 자연스럽게 마음에 여유가 생길 것이다. 타인에게서 배운다는 것은 물론 흉내 내는 것도 포함되지만, 우선 듣는 자세의 마음을 갖는 것이 중요하다. 다른 사람에게서 배움으로써 자신이 성장한다는 겸허한 자세로 임하면 선배나 상사의 능숙한 업무 처리방식의 요령도 알 수 있을 뿐만 아니라 좋은 인간관계도 만들어갈 수 있다. 몸의 영양은 물론 혼자서도 취할 수 있다.

그러나 사람의 마음이 성장하는 데에는 주변의 따뜻한 마음이 필요하다. 마음의 영양은 혼자서는 취할 수 없다. 마음을 열어 타인의 따뜻한 마음을 접해야만 영양이 취해진다. 타인과 접하지 않고 자기 한 사람의 세계에 틀어박혀 있으면 마음이 성장할 수 없다. 마음을 열어 이야기할 수 있는 사람을 만드는 것은 스스로 노력해야 하며 다른 사람은 도와주지 않는다. 자신의 성장은 타인으로부터 배울 수 있는가 없는가로 결정된다고 해도 과언이 아니다.

모든 성공은 실패를 발판 삼아 이루어진다

아무리 유명한 선수라도 때에 따라서는 생각지도 않은 실수를 범하게 된다. 우리도 업무상 실수하는 일이 가끔씩 있기 마련이다. 물론 어쩔 수 없다고 단념해 버린다면 진보할 수 없으며, 같은 실수를 반복해서도 곤란하다. 하지만 일의 실패로 인해 고민하는 것은 좋지 않다. 예민한 사람은 아무리 사소한 실패라도 많은 신경을 쓰며, 보통사람이라면 무시할 수 있는 일도 큰 문제처럼 골몰히 그 일만을 생각해 자신을 비참하게 만드는 경향이 있다. 한 가지 일에 집중하여 생각하는 것도 중요하지만 자신을 원망하는 방향으로 나가는 것은 바람직하지 않다. 무엇보다도 실패에서 빨리 탈출하는 것이 좋다.

실패에 대처하는 첫 번째 포인트는, 자기 혼자서 골똘히 생각하지 말고 주변 사람들과 이야기를 나누며 문제를 객관적으로 보는 것이다. 혹은 A4지 한 장을 펼쳐 놓고 내가 왜 실패했는지를 최대한 이성적, 분석적으로 적어보는 것이다. 열에 아홉은 내가 생각했던 것보다 큰 실패가 아니며, 금방 대응책을 발견해낼 수 있을 것이다.

두 번째 포인트는 의지를 강하게 하는 것이다. 의지력이 약하면 '나는 이게 틀렸다'라고 자포자기 해버리는데, 한 번이나 두 번의 실패로 기가 꺾이지 않는 의지력과 끈기를 키워야만 한다. 자신은 안 된다고 믿어버리면 더욱 비참한 실패를 반복할 뿐이다. 또 상사에게 지적받았더라도 마음에 상처를 받을 필요는 없다. 상사는 그때그때의 상황에 따라 강한 어조로 야단치거나 크게 호통 치는 일이 있다. 그러나 대체로 상사들은 실수는 누구나 할 수 있다는 것을 알고 있으므로 심하게 야단쳤더라도 그것을 마음깊이 새기고 있지는 않다는 것을 명심할 필요가 있다. 실패한 것은 아무리 골똘히 생각한다고 해도 아무런 플러스가 되지 않는다. 그것을 잘 생각하여 감정적이 아닌 냉정하게 사실을 파악하고 원인을 규명하여 두 번 다시 반복하지 않는 방법을 몸에 익히는 것이 중요하다. 그렇게 하는 것이 성장해가는 과정이라는 것을 명심하자.

자동차 사고로 추돌사고가 있었다고 하자. 이 사고의 후유증으로 목이 심하게 앞뒤로 흔들거리는 증세가 있다. 실패의 경험도 이 증세처럼 후유증으로 남아 마음속 깊게 뿌리를 내려 좀처럼 좋아지지 않는 경우가 있다. 가만히 있어서는 후유증의 회복도 늦어진다. 사회복귀 요법을 취해야 한다. 업무상의 실패에 너무 깊이 골몰하면 후유증이 남는다. 새로운 일을 향하여 도전하고 성공시키는 것이 회복 수단이다. 세상의 모든 성공은 실패를 발판 삼아 이루어진다.

내안의 '질'(質) 좋은 정보를 축적한다

일상생활을 하다 보면 어떻게 하는 것이 좋을지 판단이 망설여질 때가 있다. 회사생활에서도 결정적인 순간 자신의 생각을 말해야 좋을지 결단을 내리지 못할 때가 있다. 그뿐만이 아니라 어떠한 일이 끝나면 상사에게 보고해야 하는지, 그렇지 않으면 보고서를 먼저 작성해야 하는지, 보고는 이 순서로 해도 좋은지, 그렇지 않으면 선배가 하는 방식을 본받는 쪽이 좋은지, 일에 임하는 태도나 행동의 폭넓은 범위에서 어떻게 하면 좋은지를 고민하게 되는 경우가 있다. 상황을 이해할 수 없거나 필요한 행동을 취할 정도로 확실하게 그 상황을 파악하고 있지 않다는 것은 모르는 것이 아니라 정보 부족 또는 상황의 판단 방식이 좋지 않은 데에 그 원인이 있다. 이러한 경우는 자기 혼자서 해결을 꾀하지 말고 누군가의 도움을 빌려 필요한 정보를 수집해야 한다. 또는 그 사람의 도움을 받아 다른 정보와 비교해보고 지금 하는 것과 비교 검토하여 더욱 좋은 방법이라는 확신이 생기면 결정을 내리는 것이 좋다.

　최종적인 결정은 자기가 하는 것이지만, 정보가 부족하면 정확한 결정을 할 수 없는 경우가 많다. 사고나 사건이 일어나면 원인을 규명한다. 우선 최초로 하는 것은 사고현장에서의 정보수집이다. 사건에 관계된다고 생각되는 정보는 아무리 사소한 것이라도 빠뜨리지 말고 수집한다. 정보가 많이 모아지면 모아질수록 그 후의 수사가 정확하게 진행될 수 있기 때문이다. 좋은 방법이 있는데도 깨닫지 못하는 것은 정보 부족이 원인일 수 있다. 정보의 홍수 속에 살고 있는 우리에게 필요한 것은 정보의 '양'이 아닌 '질'이라는 것을 명심하고, 어떻게 정보를 받아들여 내 안의 '질' 좋은 정보를 축적해 나갈 것인지 고민해야 한다. 그것이 올바른 해법과 판단의 지름길이다.

슬럼프에서 벗어나기 위해서는

흔희들 3·5·7 슬럼프란 단어를 많이 쓴다. 직장에 들어가 3년쯤 지나 일에 익숙해지면 아무래도 공허감이 엄습하여 견딜 수 없게 되는 경우가 많다. 모든 일에 의욕이 없어져 무슨 일이든 귀찮아지는 순간이다. 자기 자신도 원인을 확실히 알 수 없으므로 점점 쓸쓸해지거나, 사람에 따라서는 노이로제에 걸려 초조해지거나 정상적인 심리상태를 유지하지 못하기도 한다.

이러한 공허감은 사람에 따라서 느껴지는 형태나 표출방식이 다르지만 예를 들어, 하루하루가 이유 없이 우울하다거나 매일이 지루하고 일이 손에 잡히지 않는 경우도 있다. 만약 이러한 상태가 계속된다면 슬럼프이다. 몇 번 정도는 통과해야만 하는 관문이기도 하다. 슬럼프는 2·3년마다 오는 경우도 있지만, 사람에 따라서는 일 년에 한 번 올 수도 있으며 주기적으로 오기도 한다. 이 기간 동안은 일에 집중할 수가 없으며 참을 수 없는 공허한 나날이 계속된다.

원인은 여러 가지이지만 가장 큰 것은 업무의 매너리즘에서 오는 슬럼프이다. 이런 경우 다른 곳에서 원인을 찾거나, 술을 마셔서 우울함을 달래려는 사람도 있는데 전혀 도움이 되지 않는다. 가능한 한 환경을 바꿔 기분을 새롭게 하는 것이 좋다. 보직을 바꾸거나 다른 업무를 해보는 것도 좋은 방법이지만, 어떤 방법을 취하든 일에서 오는 매너리즘화의 슬럼프는 일에 의해서 해결한다는 자세로 임하는 것이 좋은 결과를 얻을 수 있다. 그러기 위해서는 일을 피하지 말고 일에 부딪혀 그

벽을 깨는 노력을 계속해 나가는 것이 필요할 것이다.

슬럼프일 때 이러한 노력을 하는 것은 매우 어렵겠지만, 최소한 일에서 오는 슬럼프는 일에 의해서 해결해야만 진정한 의미의 해결이 된다. 마음의 틈을 만들지 마라. 공허감에 시달린다는 것은 할 일이 없고 여유가 너무 많은 것에서도 올 수가 있다. 정신적으로 집중해야 할 것이 있다면 공허할 일도 없을 것이다. 일에서 오는 슬럼프는 일에 의해서 해결하자.

소극적인 성격은 스스로 고친다

소극적인 성격의 사람은 자신이 적극적으로 행동에 나서지 않기 때문에 자신의 일을 둘러싼 환경을 만드는 데 시간이 더 걸릴 수밖에 없다. 물론 소극적인 성격 자체가 큰 문제가 된다고 보긴 어렵다. 다만 소극적인 사람은 자신의 결정에 고민하고 있을 뿐 적극적으로 고치려는 노력이나 마음이 결여되어 있을 확률이 높다. 보통 소극적인 성격을 왜 고치지 않느냐고 물어보면 태어날 때부터의 성격이라서 고쳐지지 않는다고 말한다. 그렇지만 성격은 환경에 의해서 만들어지는 면이 많기 때문에 고치려고 생각하면 충분히 고쳐 나갈 수 있다.

먼저 첫째로는 생각한 것을 실행에 옮겨보는 것이다. 물론 그 일이 큰 결단력을 필요로 하는 대단한 일만을 뜻하는 것은 아니다. 조금만 용기를 내어도 할 수 있는 것을 실행하면 좋다. 언제나 듣는 입장에서 먼저 발언하는 연습을 해본다. 동료가 말을 걸면 그저 대답만 하지 말고 그것을 계기로 이쪽에서도 말을 걸어보는 형식이다. 그 외에도 방법은 얼마든지 있다. 단 어느 방법이든 실행이 동반되어야 한다. 그저 생각만으로는 변화를 가져올 수 없다는 사실을 명확히 하자.

둘째, 부끄러움을 각오하고 행동해보는 것이다. 피하는 것이 아니라 오히려 더 부끄럽게 느낄 수 있도록 몇 번만 행동해보자. 그렇게 하면 자신이 부끄럽다고 생각하는 것을 주변사람은 아무런 생각 없이 받아들인다는 것을 알게 되어 자신감이 생길 것이다.

셋째, 내성적인 사람은 자신의 결점만 신경을 써서 소극적이 되기 쉽다. 결점은 자신에게만 있는 것이 아니라 누구에게나 있는 것이다. 그러므로 지나치게 신경 쓸 필요는 없다. 소극적인 성격은 자기 스스로 고치려는 노력 이외에 달리 고칠 방법이 없다. 혹은 성격 자체는 변화가 없을지도 모른다. 하지만 특정 상황에서의 행동은 경험과 노력으로 얼마든지 바꿀 수 있다는 점을 생각해볼 필요가 있다.

소극적인 성격의 사람은 경험의 장場이 점점 적어진다. 연습이 적으면 실전에 임했을 때 실패할 확률도 높아진다. 연습량을 늘리는 것이 가장 좋은 방법이다. 소극적인 성격, 그 자체를 고치려고 생각하지 말고 구체적으로 할 수 있는 것부터 연습한다. 예를 들면, 아침인사를 우선 좋아하는 한 사람에게 해보자. 다음 날은 두 사람, 그다음 날에는 세 사람으로 늘려간다. 이런 식으로 순차적으로 하는 것이다. 본래 자신의 성격이라고 단념하지 말고 할 수 있는 것부터 연습하여 개선을 도모한다.

얼마 전 교육에 참가하여 다른 회사 사람들과 의견을 교환했을 때의 일이다.

"우리 부장님은 한 번 주의를 주면 아는 데도 몇 번씩이나 반복해서 주의를 주기 때문에 귀찮아 견딜 수가 없습니다. 이러한 상사에게는 어떻게 대응하는 것이 좋을까요?"

"어떠한 것을 잔소리라고 생각하십니까?"

"자리를 뜰 때는 행선지를 말하라든가, 책상 속에 의자를 집어넣고 일어나라는 등의 말은 한 번 들으면 누구나 알 수 있는 것인데도 불구하고 계속 반복합니다."

이런 얘기에 나는 그에게 어떻게 말하면 좋을지 잘 생각이 떠오르지 않았다. 그는 한 번 말하면 다 안다고 했지만 주의를 받아도 그것을 실행하지 않았던 것은 아닐까라는 생각이 들었다. 상사가 일반적인 범주에 있는 사람이라면 나쁜 점이 고쳐지면 몇 번씩이나 주의를 줄 필요가 없다는 것을 알기 때문이다. 주의를 주어도 실행하지 않았기 때문에 상사가 강경하게 주의를 주었을 것이라는 생각이 들었던 것이다. 특히 나쁜 버릇에 익숙해진 경우는 주의를 받았다 하더라도 무의식적으로 습관이 튀어나와 버린다. 그가 상사의 기대에 부응하도록 알고 있는 것을 실행했다면 상사와의 관계나 상사에 대한 생각도 호전되었겠지만, 그는 먼저 상사의 잔소리가 개선되기를 기다리고 있었으므로 상사와의 관계가 악화만 되었을 뿐 아무런 진전도 바랄 수 없었던 것이다.

안다는 것과 할 수 있는 것의 차이를 깊이 이해할 필요가 있다. 말해도 모르는 경우는 검증을 해보이는 것이 효과적이다, 실행되지 않는 것을 실제로 시키는 것이다. 이행하면 칭찬하고 이행하지 않으면 될 때까지 시킨다. 즉 상사에게 행선지를 보고하고 나서 외출하는 등의 직장매너는 아는 것이 아닌 실행하는 것이 요구된다.

좋아함과 싫어함은 성장촉진제이다

신입 사원들에게 물었다. "자신의 어떤 점이 걱정됩니까?" 그랬더니 '성격이 급하다'는 것에 이어서 가장 많은 대답이 '좋고 싫음의 분명한 판단'이라는 것이었다. 좋고 싫음은 마음의 에너지이다. 그 에너지가 자연이나 물건에 향할 때는, 스포츠가 좋다든가 음악이 좋다든가 또는 먹는 것이면 과일을 좋아한다든가, 생선을 좋아한다든가 하는 의미이다. 물론 누구나 좋은 것은 열심히 하려고 하고 싫은 것은 피하려고 한다. 어느 것이든 자신을 성장시키는 성장촉진제이다. 사람에 대한 좋고 싫음은 과거의 경험에서 생겨난 것으로서, 나쁜 경험이 있었던 사람은 싫어하게 되고, 즐거운 기억이 있었던 사람은 좋아하게 되는 것이다. 깨끗한 것을 좋아하는 사람은 더러운 것을 보고도 태평하게 있는 사람을 보면 까닭 없이 싫어지는 것과 같다. 사람에 대한 좋고 싫음도 본인의 자유이지만 팀으로서, 또는 조직으로서 협력하여 일할 때에 싫은 사람이라고 피해서는 곤란하다.

이런 사례가 있다. A씨와 B씨는 책상을 나란히 하고 일하지만 A씨는 도저히 B씨를 좋아할 수가 없다. B씨가 하는 일은 무엇이든 마음에 들지 않는다. 도저히 참을 수가 없어서 과장에게 B씨나 자기 중 한 사람을 다른 곳으로 옮겨달라고 했다. 하지만 과장은 그와 같은 막연한 이야기로는 A씨의 요구를 들어 줄 수가 없다고 했다. 직장이란 좋아하는 사람끼리만 함께 일하는 곳이 아니기 때문이다. 싫어하는 상대와도 서로 협력하여 일해야만 하는 곳이 직장이다. 싫어하는 상대와 어떻게 협력해갈 것인가를 생각하고 실행에 옮기는 것이 성장成長이다.

부탁을 받아들일 것인가, 거절할 것인가

누구나 부탁을 받으면 거절하기가 어렵다. '어떻게 하면 좋을까'라고 고민하는 사람이 많다. 부탁을 거절하면 의뢰한 사람에게 미안하고, 그 부탁을 받아들이자니 자기 자신이 괴롭다. 부탁을 받아들인 경우와 거절한 경우의 데이터를 모아 자신이 납득할 수 있도록 판단하는 훈련을 해보자.

상대와의 관계를 악화시키고 싶지 않다는 것은 정도의 차이는 있지만, 모든 사람의 생각이다. 이것을 강하게 작용시키다 보면 상대가 요구하는 대로 자신을 희생하게 된다. 상대가 어떻게 생각하든 자신만 좋으면 그것으로 좋다는 것도 정도의 차이는 있지만 모든 사람의 생각이다. 이러한 생각이 강하게 작용하면 자기 위주로 상대를 생각하지 않는 사람이 되고 만다. 판단이 서지 않아 고민한다는 것은 타인을 먼저 생각하는 배려라고 여길 필요가 있다. 거절할 수 없다는 것은 그만큼 상대방의 입장을 생각하는 것이므로 마음이 아름다운 사람이다. 그러나 항상 받아들이는 것도 문제다. 받아들일 때는 먼저 일을 냉정히 생각하고 자신이 할 수 있는 것만 받아들여야 한다. 가능한 것과 불가능한 것을 냉정하게 생각하고, 거절할 때는 상대의 기분을 헤아려 상처를 주지 않도록 거절하는 기술이 필요하다. 능숙하게 거절한다는 것은 매우 어렵지만, 무뚝뚝한 어투로 거절하거나 불유쾌한 기분이 들지 않도록 정중하게 거절해야 한다. 상대방이 거절당하고 화를 내는 것은 무뚝뚝한 거절을 받았기 때문이 아닐까 싶다. 정중하게 거절하는 것과 거절을 잘 받아들이는 연습을 해보자.

　세상에는 염치없는 사람이 꽤 많다. 줄을 서서 전철을 타는데 옆에서 끼어드는 사람. 전철 문이 열리면 사람이 내리기도 전에 들어가는 사람 등. 그러나 반대로 흐뭇한 일도 많다. 금연 캠페인 덕분으로 공공구역에서 담배를 피우는 사람은 현저하게 줄어들었다. 또 흡연에 대한 매너도 최근 급속도로 개선되었다. 역시 노력하여 개선하면 무엇이든 바꿀 수 있다는 생각이 든다. 직장생활에서도 마찬가지다. 제멋대로인 사람이 적지 않기 때문에 매너 없는 행동을 하는 사람이 있다면 그 사람과 진지하게 이야기해봐야 한다.

　이런 사례가 있다. 여사원인 A씨가 남자사원인 B씨에게 "B씨! 자신의 책상에 있는 전화가 울리면 직접 받으세요"라고 자주 말했다. 그러면 B씨는 "알았어, 알았다고"라고 대답만 할 뿐이다. 그래서 A씨는 "매번 알았다고 말만 하고, 전에도 몇 번씩이나 말했는데 왜 고치지 않는 거죠? 나도 바쁜데, 왜 B씨는 자신의 책상에 있는 전화를 받지 않는 거죠?" B씨는 궁지에 몰려 무의식중에 "전화는 여자가 받는 것이 더 좋지 않은가"라고 변명했다. 그 말을 들은 주변 사람들은 "뭐라고요! 그것은 잘못된 생각입니다"라고 모두들 반발했다. 그제야 B씨는 '잘못된 일이구나'라고 반성했다고 한다. 우리는 제멋대로인 사람들에게 태도의 변화를 요구하고 싶지만, 말해도 고쳐지지 않을 것이라고 단념하는 경우가 많다. 그것을 뛰어넘어 행동의 변화를 요구하는 것은 모두의 노력이 필요한 일이다.

오래 전의 일이지만 후배에게서 다음과 같은 질문을 받은 적이 있다. 후배가 "옳은 것이 왜 통하지 않는 것일까요? 나는 이제는 모든 것이 싫어졌습니다"라는 것이었다. 그래서 나는 그것이 누구에게 통하지 않았는지, 구체적으로 어떤 일이 있었는지 말해 달라고 했다. 그랬더니 "구체적으로 말하기는 곤란합니다. 그러면 상사를 비판하게 되는 것이 아닐까 해서요"라며 그는 구체적으로 말하기를 꺼려했다. 그래서 상사에 관한 일이냐고 물었더니, 후배는 매우 곤란한 듯이 "아니요. 그냥 일반적으로 옳은 것이 왜 통하지 않는지 궁금해서요"라고 말했다.

나는 잠시 후배의 이야기를 곰곰이 생각해보았다. 직장에서는 이유가 통하지 않기 때문에 모순을 느끼는 사람이 적지 않다. 모순이 생긴다는 것은 인간이 갖는 지성과 감성의 이면二面에서 일어나는 미묘한 차이나 진동이다. 본심과 표면적 주장과의 차이, 목표와 현실, 욕망과 이성의 차이에서 생겨나는 것이다. 습관의 차이에 있어서도 모순을 느낀다. 예를 들면 아침에 5분 지각한 것에는 벌칙 규정이 정해져 있지만, 하루 일과가 끝난 후 1시간 야근하는 것에 대해서는 아무도 말하지 않는다. 자신이 옳다고 생각하는 것이 통하지 않는 경우에는 우선 상대방의 감정 상태가 어떤가, 습관이 다른가, 사고방식이 다른가, 그렇지 않으면 자신에게 문제가 있는가를 잠시 동안 검토해볼 필요가 있다. 그리고 자신의 생각을 망설이지 말고 상대방에게 이야기해야 한다. 그러한 대화가 지금까지 깨닫지 못했던 새로운 생각을 떠오르게 할 수도 있다. 물론 표현방식의 세련됨은 본인의 몫이다.

세상에는 자신이 옳다고 생각하는 것도 옆에서 보면 반드시 옳다고 할 수 없는 것이 적지 않다. 자연계의 법칙이 아닌, 특히 인간이 관계되어 있는 것에는 어떤 것이 옳고 어떤 것이 그른지 쉽게 알 수 있는 것이 많지 않다. 직장에는 불합리한 것이 많이 있으므로 그것을 옳게 고쳐가는 것도 중요하지만, 인간관계를 손상시키지 않도록 개선해가는 것도 중요하다.

너무 바쁘다고 변명하고 있지는 않은가

"바쁘다, 바쁘다" 하면서도 일을 마치고 그날 무엇을 했는가를 돌아보면 일다운 것은 아무것도 하지 않은 경우가 허다하다. 필자의 수강자 가운데 한 사람이 상사가 지시한 것을 시간 내에 할 수 없다고 문제를 제기한 적이 있다고 했다. 그 이유가 무엇이냐고 물었더니 너무 바쁘기 때문이라고 했다. 물론, 그는 더 이상의 일은 할 수 없다고 생각하겠지만 좀 더 객관적으로 자세히 그를 관찰해보면, 회의나 협의에 필요 이상의 시간을 소비하거나 별로 중요하지 않은 잡무에 이리저리 뛰어다니거나 사소한 문제로 논쟁하는 일이 많았다는 것을 찾아볼 수 있다. 1시간으로 끝날 회의가 2시간으로 연장된다거나, 10분으로 끝날 면회를 30분이나 소비한다는 것은 바빠서 시간이 없는 것이 아니라 무계획적으로 일을 진행하기 때문이라고 지적할 수 있다. 계획적으로 일을 진행하면 아무리 바빠도 시간적 여유가 생기는 것은 당연하다.

또 한 가지 일에 전념하는 것이 아니라 모든 일에 손을 대서 쓸데없이 시간을 낭비하는 것은 아닌지 반성해볼 필요가 있다. 단지 욕심으로 이일저일 떠맡아서 바쁜 체하는 것은 아닌지, 바빠서 틈이 없는 것에는 무계획, 욕심, 기분상의 바쁨 등 여러 가지가 있다. 이런 사항을 반성하고 그것을 고침으로써 여유를 만들 수 있을 것이다. 바쁘다는 것은 심리적인 것이다. 일이 없는 사람인데도 여유가 없다고 하는 반면, 바쁜 속에서도 여유를 찾는 사람도 있다는 것을 잊어서는 안 된다.

시간을 관리한다는 것에 대해서 다시 한 번 생각해보자. 시간에 관한 명언이나 격언은 매우 많다. "시간은 돈이다"라는 것이 그중의 하나다. 시간을 관리한다는 것은 환경과 기술의 문제일 수도 있지만, 우선 자신의 생각에 달려있다는 것을 고려해볼 필요가 있다.

습관적으로 불평을 늘어놓는 사람이라면

직장생활에서 때로는 동료들의 책임 회피로 결국 내가 일을 더 많이 해야 하는 경우, 상사가 일에 대한 준비가 부족하거나 무능력하거나 일관성이 없는 경우, 주변에 실력 없는 자들이 나보다 먼저 승진이 되거나 업무가 과도한 경우 등등 한심한 시스템이 너무 많을 수 있다. 이것이 현실이다. 인생은 정말 불만투성이이다.

이러한 불평들이 어떤 방식으로든 한 가지라도 바꿀 수 있는지 말해 보라. 그렇지 못할 것이다. 불평은 어떤 것도 바꾸어 놓지 못한다. 불평은 할 일이 충분하지 못한 사람들이 발명해낸 시간 낭비 괴물인 것이다. 대개의 경우 그들은 남의 뒷말을 하는 사람들과 어울려 지낸다. 혹은 동일 인물일 수도 있다. 보나마나 뻔하다. 그들은 실컷 불평을 늘어놓고 난 다음 남의 뒷말을 한 보따리 풀어놓기 마련이다. 불평하는 것은 정말 소용없는 짓이다. 비생산적이기도 하거니와 얻는 것이 아무것도 없기 때문이다. 의욕을 상실하게 되고, 결국 이것의 악순환으로 나타나게 된다.

만일 내가 습관적으로 불평을 늘어놓는 사람이라면 이제 어떻게 해야 할까? 간단하다. 불평을 할 때마다 그 불평의 대상에 대해 스스로 해결책을 만들어내도록 하라. 해결책을 만들어낼 수 없다면 불평할 자격이 없다. 몇 주 동안 그렇게 노력해보자. 아주 자연스럽게 불평을 그만두게 될 것이다. 남에 대한 불평은 장본인이 없는 자리에서 하게 된다. 다음에 누군가에 관해 불평하고 싶어진다면 그 사람의 면전에서 불평하라. 그 사람이 앞에 없으면 불평을 하지 마라. 간단한 법칙이지만 매우 효과적이다.

초조해하다가 결국 아무것도 이루지 못하는 것은 아닌가

초조함은 우리가 가장 많이 느끼는 감정 중의 하나이다. 아침에 출근할 때부터 전철역에서 자신은 빨리 걷고 싶은데 앞에 가는 사람이 느릿느릿 걷거나, 전철역이 너무 혼잡해서 빨리 걸을 수 없을 때 자기 뜻대로 되지 않으므로 초조해진다. 대강 생각해보더라도 출퇴근길이라든가 업무 중 또는 집에 돌아와서도 초조의 요소는 산재해 있다. 초조함의 근본은 욕구불만에 있는 것이지만, 현대는 지나치게 자극이 많고 경쟁도 심하므로 언제나 생기기 마련이다. 더구나 극도로 피곤해진 나머지 노이로제에 걸리는 사람도 있다. 초조함은 심리적·생리적·환경적인 것에 의해서 일어날지도 모르지만 이상異常 현상인 긴장상태, 흥분상태인 것임에 틀림이 없다. 초조한 마음을 진정시키기 위해서는 긴장상태, 흥분상태를 정상으로 되돌리는 노력이 필요하다. 초조할 때는 그것을 폭발시켜 누군가와 부딪쳐 그것을 해소하려고 하는데, 그렇게 해소하면 다음에 후회하게 될지도 모른다.

따라서 초조함의 가장 이상적인 처방은 결국 생활의 기술에 있다. 평상시 충분한 영양을 취하고, 심신을 쉬게 하여 피로회복을 도모하고 취미라든가 나만의 쉴 거리를 통해 적극적으로 웃음이 있는 생활을 만들도록 노력하자. 스트레스가 쌓였다고 해서 술을 마시거나 그냥 무작정 해소해 버리면 근본적인 해결이 되지 않기 때문에 금방 스트레스가 다시 쌓이게 된다. 일찍 집으로 돌아가 충분한 수면을 취하는 것이 가장 중요하다. 건강한 신체와 정신을 유지하는 것은 아무리 강조해도 지나침이 없다. 또한 초조함의 원인은 요구수준이 지나치게 높은 것에 있다. 자신이 컨트롤하거나 조정할 수 없는 것을 어떻게든 하고 싶은 마음에서 발생한 것이다. 자신의 힘으로 이 요구가 개선될 것인지 잘 생각해본다. 그리고 자신의 힘으로 해결될 수 있도록 연구하고 노력해야 한다.

쉽게 열중하고 쉽게 싫증내는 사람이 있다. 본인이 자각하는 경우에는 스스로 성격을 고쳐야 한다고 고민하는데, 자각하지 못하는 사람도 꽤 많다. 변덕이 가장 잘 나타나는 것은 취미이다. 운동이나 게임 등을 오래 계속하지 못하는 사람들이 있다. 일에 대해서도 이일 저일 쉽게 달려들었다가 쉽게 포기하는 경우가 많다. 취미라면 아무리 바뀌어도 다른 사람에게 피해를 주는 일은 없지만, 일에 금방 싫증을 낸다든가 하는 것은 자신의 일과 조직에 영향을 주게 된다. '쉽게 열중하고 쉽게 싫증을 낸다'는 것은 누구나 갖고 있는 성향이지만, 그렇다고 해서 그대로 두어서는 한걸음도 진보할 수 없다. 무엇에 열중하는가. 어떤 조건이 갖추어지면 열중하고, 어떻게 하면 싫증내는가를 곰곰이 생각해보는 것은 자신을 발전시키는 데에 중요한 일이다.

첫째, 단순히 보기에 좋아서, 또는 근사하기 때문에 손댔다가 기대한 것과 달라서 싫증내는 케이스다. 다른 사람이 하니까, 또는 특별히 할 일이 없으니까 해본다는 막연한 기분으로 시작하면 오래 계속할 수가 없다.

둘째, 처음에 해보았더니 잘 되니까 재미있어서 했더니 생각한 것처럼 일이 쉽게 진행되지 않는다거나 어려워서 실패하는 케이스다. 그래서 쉽게 단념해버리는 것이다. 실패했을 때에 자기를 만들어갈 기회가 있는 것인데 금방 그만두고 다른 일을 찾게 된다. 이런 일을 반복하다 보면 어떤 일이든 깊이 파고들 수 없으며 완성할 수가 없다. 계속하는 것과 바뀌는 것에 도전하는 것은 자신을 만들어가는 데 상당한 도움이 된다. '이것이다'라고 찾아내려면 다른 곳에 한눈 팔지 말고, 곤란해도 참고 파고들어가는 노력을 계속해야 한다.

성격은 어떻게 해서 만들어지는가를 생각해본 적이 있는가? 열중하는 것은 성격이 형성되어지는 최초의 도입부분이다. 우선 흥미를 갖고 열중한다. 잘 되어 가면 그다음부터는 자신이 생긴다. 실패하면 손을 떼게 된다. 이렇게 해서 특정한 대상에 대해 일정한 반응 태도를 형성하고 성격을 형성해가는 것이다.

지나치게 다른 사람의 눈을 의식하는 사람이 많다. 대개는 가만히 아래를 보고 있다거나 사람들과 이야기할 때도 상대를 보지 않고 이야기하는 등의 반응을 보인다. 말수가 적고 가만히 아래를 보고 있는 사람에게 "왜 아래만 보고 있습니까?"라고 물어보면 "눈을 쳐다보기가 부담스러워서입니다"라고 한다. 다른 사람의 눈을 의식하거나 부담스럽다는 것은 마음속에 적지 않은 공포감이 있기 때문이다. 필요 이상으로 다른 사람을 의식한다는 것은 단순히 부끄러운 것과는 달리 무엇인가 원인이 있을 것이다. 과거에 타인으로부터 생각지도 못했던 말을 들었던 것이 원인일 수도 있다. 일의 발단은 대부분 사소한 것이지만 본인에게는 큰 문제가 될 수 있다. 깊은 마음의 상처를 받고 그 상처가 그 후의 인생에 무겁고 어두운 그림자기 되기도 한다.

이를 고치기 위해서는 아무리 사소한 것이라도 과거에 어떤 트라우마가 있었는지 그 사실을 생각해내고, 자신이 다른 사람을 두려워할 만큼 주변사람들은 자신에게 신경을 쓰고 있지 않다는 것을 깨닫는 것이 중요하다.

다른 사람과의 대화에 있어서도 너무 신중하면 그것이 장애가 되기도 한다. 지나치게 다른 사람을 의식한 나머지 자신의 기분이 어떤지 판단할 수 없게 되고, 자신의 기분이나 느끼는 바를 정직하게 털어놓고 이야기하는 것이 점점 더 어려워진다. 예를 들면, "무엇을 먹을까" 하고 물었을 때 "아무거나 좋다"라고 대답하는 경우이다. 때로는 말하지 않더라도 이심전심으로 알 수도 있지만, 대개는 말하지 않으면 모르는 것이다. 자신의 기분이나 기대를 말하는데 꺼릴 이유는 아무것도 없다.

대인관계에서 효과적인 대화를 하려면 확고한 의지를 갖고 있는 것이 중요하다. 애매하고 연약한 태도에서는 타인이 자신을 어떻게 보고 있는가를 왜곡하여 받아들이고, 타인과 친해지는 것에 불안감을 느낀다. 타인이 보는 나와 내가 생각하는 나 자신을 구별하고 일방적으로 치우치는 것이 아닌 균형을 갖고 볼 수 있을 때, 대등한 커뮤니케이션을 할 수 있는 것이다.

타인과 비교해서 자신을 한탄하고 있지는 않은가

얼마 전 강의시간에 인간의 성장과정에 관해서 이야기했다. 그때 어떤 사람이 "나는 행복한 사람을 보면 부러워서 견딜 수 없습니다. 멋진 집에 살면서 인생을 즐기는 사람들이 매우 부러우며 동시에 나 자신이 비참하게 느껴집니다"라고 한탄하는 것이었다. 사람은 자신보다 행복하게 보이는 사람이 있으면 부러워하고 또 질투를 느끼게 된다. 당연한 일이다 입 밖에 내어 말하는 것은 아니지만 항상 마음 밑바닥에는 시기하는 마음을 갖고 있다. 막연히 질투하는 마음을 계속 지니고 있으면 그것은 결국 주변의 특정한 개인에게 공격이 가해지거나, 또는 그 공격이 자신에게 되돌아올 수도 있다.

타인을 보고 부럽다는 생각이 들면 그 사람은 그 사람 나름대로의 행복이 있다고 생각하고, 자기 나름대로의 행복을 쌓아가는 노력을 해야 한다. "갖고 싶은 것을 모두 손에 넣고, 하고 싶은 것도 모두 해버리면 나중엔 갖고 싶은 것도, 하고 싶은 것도 없게 되고 사는 보람도 잃어버리게 될 테니까 결국, 이 세상에서 자신만큼 불행한 사람은 없다고 느끼게 되겠죠?"라고 얼마 전 TV에서 한 개그맨이 말하는 것을 듣고 공감한 기억이 있다. 어떤 사람이 정말로 행복한지 어떤지는 겉으로 보아서는 알 수 없다.

예를 들어, SNS상에 올라온 한 줄의 글과 한 장의 사진만을 보고 그 사람을 판단하기에는 그 사람의 삶은 너무도 다양한 스펙트럼을 가지고 있으므로 알 수가 없는 것과 마찬가지이다. 아무런 근심 없이 행복하게 보이는 사람이 자살하거나, 불행하게 보이는 사람이 의외로 행복감을 만끽하는 경우는 얼마든지 많다. 진정한 행복은 자신 이외에는 알 수 없는 것이다. 행복이란 완전해서는 오히려 행복감을 느낄 수 없다고 선현들은 이야기한다.

자기 의견을 확실하게 말한다

일의 협의나 회의 때 자신의 의견을 자주 내는 사람들과 가만히 생각만 하고 좀처럼 의견을 내지 않는 사람들이 있다. 좀처럼 자기 의견을 말하지 않고 있다가 나중에 자기가 손해보고 있다고 생각하는 사람도 있다. 다른 사람의 이야기를 즉시 인용하고, 다른 사람의 의견에 금방 반응하여 당당히 의견을 말하는 사람을 부럽다고 생각하는 사람도 있다. 자기 나름대로의 의견을 말하지 않고 자신은 머리회전이 느리다고 고민하는 사람들도 있다. 물론, 일의 협의나 회의와 교육에서 자신의 의견을 확실하게 말하는 것은 중요하다.

그런데 의견을 명확히 언급하지 않는 이유 중의 하나는 이러한 일을 하면, 다른 쪽은 어떻게 될 것인가, 또 하나는 이러한 의견을 말하면 상대방은 어떻게 생각할까 하는 것 때문이다. 두 가지 모두 상대를 생각하는 것이지만 상대에게 희망을 갖고 있지 않다든가 그런 일을 해도 결과가 바람직하지 않다고 생각하면 건설적인 의견이 나오지 않게 되는 것이다. 또 이전에 의견을 말하여 상사나 타인에게서 비판을 받은 쓰라린 경험이 있는 사람도 의견을 내려고 하지 않는다.

사람들 중에는 다른 사람의 말에 재빠르게 반응하는 사람들이 있고, 차분히 생각한 후에 결론을 내리는 사람들이 있다. 전자前者와 같은 유형은 머리회전이 빠르고, 후자後者와 같은 유형은 머리회전이 느리다고 보이기 쉽다. 어느 쪽이든 그 때와 의제議題에 따라서 잘 진행될 때와 그렇지 않을 때가 있으므로 어느 쪽이 좋다 또는 나쁘다고 말할 수는 없다.

말하고 싶은 의견이 있어도 발표하지 않는 사람은 의견을 말하는 연습부터 시작해야 한다. 그리고 그렇게 염려할 것은 없다. 머리회전이 느리다고 고집하지 않는 한 길은 얼마든지 있다. 머리회전이 빠른 사람은 생각이 나는 즉시 자신의 의견을 말해버리고 차분하게 생각을 정리하지 않기 때문에 경솔한 결론을 내리기 쉽다. 이러한 경우는 단점이 되지만, 신속을 요하는 경우는 좋은 결과를 가져다줄 수도 있다. 이와 반대로 타인의 의견을 충분히 듣고 곰곰이 생각한 후 발언하는 사람은 그 결론에 모두 납득하지만 신속을 요하는 과제에서는 단점이 된다.

명확하고 효과적으로 전달한다

말을 잘한다는 것은 어떤 의미일까? 성량이 풍부한 BBC아나운서 같은 목소리로 'house' 대신 'hice'라고 말하고, 'crash' 대신 'crech'라고 말하라는 것일까? 물론 아니다. 여러분 고향의 억양을 그대로 사용해도 좋다. 그것은 문제가 되지 않는다. 우리가 '어떻게' 말하는가보다는 '왜' 말하는가를 생각해보자, 우리가 말을 하는 이유는 의사소통, 즉 정보를 전달하기 위해서이다. 따라서 말을 잘한다는 것은 명확하고 효과적으로 정보를 전달한다는 의미가 된다. 어떻게 말하는지는 중요하지 않지만, 명확하게 말하는 것은 매우 중요하다. 말을 명확하게 한다는 것은 말 그대로 '명확히' 한다는 뜻이다. 여러분이 피해야 할 것은 다음과 같은 것들이다.

- 웅얼웅얼 말하는 것

- 너무 조용히 말하는 것.

- 전문 용어를 사용하는 것(당신이 속한 부서나 전문 분야 이외의 사람들은 알아들을 수 없다).

• 말을 잘하기 위해 당신이 기억해야 할 중요한 네 가지는 쾌활하라. 명확하라. 싹싹하라. 간결하라.

만일 이 네 가지를 갖춘다면 실수를 범하지 않게 될 것이다. 사람들은 당신이 말한 것을 기억하고, 명료하고 쾌활한 말소리에 깊은 인상을 받게 될 것이다. 말을 잘하면 영향력을 발휘할 수 있다. 힘없이 걸어 들어와 자기 이름을 웅얼거린다면 사람들은 당신을 자신감이 부족하고 안절부절못하는 부족한 인간으로 생각할 것이고, 따라서 당신은 금세 그들의 기억 속에서 사라질 것이다.

질문하는 습관이 중요하다

질문을 하는 목적은 인기를 얻고, 승진 가능성을 높이고, 성공하고, 완벽하게 좋은 사람이 되고, 능률적으로 되기 위해서이다. 이렇게 하는 가장 쉬운 방법 중 하나는 질문하는 습관을 갖고 연습하는 것이다. 그렇다면 어떤 질문을 할 것인가? 그것은 상황에 따라 다르다. 예를 들면 "프레젠테이션이 정말 마음에 들었어요, 정말 놀라울 정도로 침착하던데요, 어떻게 하면 떨지 않을 수 있지요?"라든가 "송장을 처리하는 당신의 새로운 방법이 맘에 들어요. 어떻게 그런 생각을 해냈어요?"라고 한다. 질문을 하는 것은 상대에 대한 관심을 가지고 있다는 것을 나타내며, 사려 깊고 지적이며 창의적이라는 사실을 드러내 보이는 것이다. 지루해 하는 사람들도 질문을 하지 않는다. 게으른 사람들 역시 질문을 하지 않는다. 어떤 질문을 할 수 있겠는가? 질문을 하는 것은 일반적으로 아주 좋은 것이다. 그렇게 함으로써 동료들에게 관심이 있음을 표현할 수 있다. 그러나 진심에서 우러난 진지한 질문, 질문할 만한 가치가 있는 질문, 친절한 질문을 하라.

'아주 매스꺼운 사람일지라도 무언가 좋은 점 한 가지는 찾아낼 수 있다'고 했던 것처럼, 누군가가 한 일에는 질문할 만한 무언가가 있기 마련이다. 혹은 그들의 취미 생활이나 사회생활, 가족에 관해 질문할 수도 있다. "댁의 자녀들은 잘 지내시죠?"와 같은 간단한 질문도 사람 사이의 벽을 허물고 여러분을 좋은 사람으로 보이도록 해준다. 질문은 대화를 시작할 수 있게 해주고, 유쾌한 분위기를 연출해주며, 매일 함께 일하는 사람들 사이에 친밀감을 형성시켜준다. 이것은 반드시 정직하고 진지한 태도로 실행해야 한다. 거짓말을 하거나 꾸며내는 건 소용없다. 긍정적으로 말해줄 만한 것을 찾을 수 없다면 아무 말도 하지 마라. 그러나 무엇이건 좋은 점은 있기 마련이다.

둔감한 사람에게 한마디

둔감하다는 것에 관해서 생각해볼 필요가 있다. 친구나 상사, 부모로부터 둔감하다는 소리를 들은 적이 있는가? 태평하고, 일체의 사물에 구애되지 않고, 깨닫는 것이 늦고, 반응이 둔할 때 둔감하다고 한다.

타인이 둔감하다고 했을 때 그 의미도 모른 채 고민하는 사람은 지금 한번 생각해보는 것이 어떨까. 상대방이 둔감한 사람이라고 느껴지는 경우는 어떨 때일까? 상대방이 내가 원하는 것을 전혀 모르고, 내 기분이 좀처럼 통하지 않을 때 상대를 둔감한 사람이라고 느끼게 된다.

둔감을 고치는 데는 상대의 마음 움직임이나 상대의 말이 의미하는 것을 추측하는 노력을 하는 방법이 있다. 마음의 눈이 닫히거나 자신의 일에만 관심이 쏠려서는 상대가 기대하는 것, 상대의 기분 등을 알 수 없다. 시간을 갖고 상대의 흥미나 관심을 갖고 있는 것이 무엇인지 알려는 자기훈련을 계속하면 좀 더 나은 방향으로 변화할 수 있다.

회사 내에서도 기술연구원 쪽 분야의 사람들이 둔감한 사람이 많다는 설이 있다. 영업사원이라든가 비서가 눈치가 빠른 것은 항상 고객과 거래처 사람들을 상대하고 그들이 무엇을 요구하고 바라는지를 민감하게 느끼고 대응하기 때문이다. 반면 사람과의 접촉이 적은 기술연구원 쪽은 아무래도 대인관계 면에서 둔감하기 쉽고 영업이나 사람 접촉이 많은 일에서는 좋든 싫든 간에 민감하게 될 수밖에 없을 것이다. 사회생활에서는 복잡한 인간관계가 형성되는데 '차가운 사람'이라든가 '둔감한 사람'이라고 이야기되면 한번쯤 자기 자신을 돌아봐야 한다.

둔감을 고치고 싶은 사람에게 권할 수 있는 또 하나의 방법은 사람의 행동을 관찰하는 것이다. 관찰 대상은 어린아이가 좋다. 놀이에 빠져 있는 아이, 목욕탕에서 목욕하는 아이, 전철을 타고 있는 아이 등, 어디에 있든 아이들 눈에는 보이는 것과 손에 만져지는 것을 온통 흥미와 관심의 대상으로 보고 반응한다. 도저히 어른과 비교할 수 없을 정도로 아이들은 민감하다.

06

직장생활 이럴 때는 **어떻게** 해야 하나

어 떻 게
인정
받을 것인가

누구나 겪는 일이지만 일에 실패했을 때는 어떻게 해야 할까?

• 후속책을 강구한다

상사로부터 업무 실패에 대한 지적과 함께 꾸중을 듣게 되면 우선 "죄송합니다" 하고 사과한 뒤에 곧 후속책을 강구한다. 다시 할 수 있는 일이면 즉시 다시 하고, 그렇지 못한 일은 조금이라도 나은 결과가 되도록 수정 또는 보완한다. 어떻게 해야 할지 잘 모를 때는 상사와 의논해보고 만약 상사가 처음부터 "이렇게 하라"고 지시를 하면 반론하지 말고 거기에 따르도록 한다. 자기 스스로 일에 실패했다는 것을 깨달았을 때도 침착하게 다음 최선책을 강구한다. 좋은 생각이 떠오르지 않으면 선배나 동료에게 도움을 청하는 것도 좋다.

• 당황하지 말고 처리한다

'아차' 하는 생각이 들면 피가 거꾸로 솟는 것처럼 얼굴이 화끈 달아오르게 된다. 감정적이 되면 냉정하게 판단을 할 수 없을 뿐 아니라 일 처리도 오히려 늦어지게 된다. 그러므로 우선 마음을 가라앉히고 냉정을 되찾을 필요가 있다. 심호흡을 한다든가 화장실에 가서 잠시 생각을 가다듬는 등의 방법도 좋을 것이다. 무엇보다도 효과적인 방법은 동료에게 사실을 털어놓고 상의하는 것이다. 동료는 제삼자이므로 냉정하게 올바른 판단을 할 수 있다.

• 문제가 일단락되면 상사에게 보고하고 사과한다

해볼 수 있는 방법을 다 실행해보고 나서 일단 상황이 어느 정도 매듭지어지면 상사에게 보고하고 사과하도록 한다. 상사에게 비밀로 처리해도 문제가 되지 않는 일이라면 모르지만, 어차피 알게 될 바에는 먼저 보고하고 사과를 하는 편이 옳다. 물론 큰소리로 꾸중 들을 것은 각오해야 한다. 이때 일체의 변명은 하지 않도록 한다.

• 원인을 연구하여 다음을 대비한다,

어느 정도 시간이 지나 웬만큼 마음이 가라앉으면 왜 실패했는지 그 원인을 조사한다. 그리고 또다시 같은 실수를 되풀이하지 않기 위해서는 어떻게 해야 하는지 연구하여 업무처리 방법이나 사고방식에 대해 반성해보고 문제점을 개선한다.

• 의기소침해하지 마라

하루 이틀은 의기소침한 모습을 보이는 것은 있을 수 있다. 하지만 언제까지나 의기소침한 상태로 있는 것은 회사나 자기 자신에게나 마이너스일 뿐이다. 업무엔 항상 실패가 따라다니는 법이다. 한 번도 실패하지 않고 성공한 사람은 아무도 없다. 그러므로 두 번 다시 같은 실수를 하지 않겠다는 결의가 섰으면 깨끗이 잊어버리고 활기차게 일을 다시 추진하도록 한다. 물론 쉬운 일은 아니다. 하지만 어느 정도 시간이 흐르면 안 될 일도 아니며, 또 스스로도 스포츠나 취미활동에 몰두하는 등 잊어버리려고 노력해야 한다.

곤경에 빠졌을 때

앞서 얘기했듯이 인생이란 좋은 일만 있는 것이 아니다. 때로는 어쩔 도리가 없는 괴로운 처지에 빠질 때도 있다. 이럴 땐 다음과 같이 해보면 효과가 있다.

• 거울을 보고 말을 건넨다

괴롭거나 슬플 때, 아무 일도 할 수 없을 것 같을 때는 먼저 자기 자신을 제삼자의 눈으로 바라보고 격려하는 일이 중요하다. 우선 거울을 보고 억지로라도 웃어보고 자기 자신에게 말을 걸어보는 것이다. "자네 어떻게 된 거야. 몹시 우울한 것 같은데. 그래 이 정도로 아무것도 할 수가 없다니 정말 한심한 일이군. 자! 그래도 힘을 내자, 힘을", "세상에는 이보다 훨씬 더 괴롭고 슬픈데도 이를 악물고 최선을 다해 노력하는 사람도 많은데 이만한 일로 축 처져 있어서야 되겠어?" 하고 말이다. 그리고 자기가 잘 부르는 노래를 한번 소리 내어 불러보는 것도 좋다. 자기 괴로움과 슬픔을 제삼자의 입장에서 바라볼 수 있다면 이젠 걱정할 것이 없다. 인내력과 의욕은 바로 거기서 나오는 것이다.

• 곤경에서 빠져나갈 방책을 강구한다

괴로움을 극복할 수 있는 힘이 생기면 다음에는 어떻게 하면 이 곤경을 벗어날 수 있을지 방안을 강구한다. 방법은 여러 가지가 있다. 우선은 자기 나름대로 해결방법을 강구해보든가 아니면 과거 경험한 일 중에서 지금과 가장 비슷한 상황을 찾아내어 그때 어떻게 했는지 생각해보는 것이다.

두 번째는 선배나 동료와 상의해서 충고를 얻는 일이다. 다만 한 가지 그 충고를 받아들일 것인지 아닌지는 자신이 결정해야 하는 일로, 그 결과가 좋지 않다고 남에게 책임을 전가시키거나 해서는 안 된다. 어디까지나 책임은 100% 나 자신에게 있는 것이다.

세 번째는 시행착오를 되풀이해서 자기 나름대로 최선의 길을 발견하는 방법이다.

• 되도록 빨리 충격에서 벗어난다

슬픈 일이 생기거나 좌절했을 때 중요한 것은 얼마만큼 그 충격에서 빨리 벗어나는가 하는 것이다. 슬픔이나 좌절로 인해 정신적으로 영향을 받지 않는 이는 없다. 반드시 어떤 충격을 받게 마련이다. 문제는 그 충격에서 얼마만큼 빨리 회복되는가 하는 것이다. 슬프면 눈물을 펑펑 쏟으며 우는 것이 좋고, 화가 나면 화를 내고 괴로우면 술 마시고 소리를 지르며 응어리진 것을 풀어야 한다. 정신적인 고뇌를 안으로만 삭히면 오히려 병이 된다.

하지만 충격이 크면 그렇게 간단하게 회복되지는 않는다. 어느 정도 시간이 필요한 경우가 많다, 그렇다고 언제까지나 우울해하면서 하루하루를 흘려보낼 수는 없는 일이다. 가능한 한 빨리 본래의 자기 자신으로 돌아가 일에 정진할 수 있어야 한다. 그러므로 우선 지금 처해진 상황의 슬픔이나 괴로움에 오히려 완전히 빠져 보도록 한다. 그렇게 하면 정신적으로 자신을 해방시키는 데에 첫발을 내디딜 수 있게 될 것이다. 괴로움이나 슬픔을 감추고 아무렇지도 않은 듯 가장하면 결과적으로는 충격을 연장시키는 일밖에 되지 않는다.

• 흥미나 관심을 다른 데로 돌린다

그동안 흥미를 가지고 있던 것이나 새로운 일에 관심을 돌려 당분간 거기에 몰두해 보도록 한다. 그렇게 하면 어느 정도 정신적인 안정을 얻는 데 도움이 된다. 이것을 심리학에서는 '대상행동 代償行動' 또는 '치환반응'이라고 한다.

싫어하는 사람과는 만나지 않고 살면 좋겠지만, 업무나 다른 여러 가지 일로 만나야 할 때가 적지 않다. 이럴 때 어떻게 하면 좋을까? 당연한 일이지만 업무인 이상 마음에 들지 않는다고 만나지 않을 수는 없다. 그러므로 일단 자기의 사적인 감정을 억제하고 만남을 갖도록 한다. 물론 불편하고 재미는 없겠지만 만나서 대화하면서 다음 몇 가지에 대해 생각해볼 수 있다.

도대체 나는 그의 어떤 점을 싫어하는지 알아보는 것이다. 말투가 거칠어서 싫은지, 아니면 자기 사고방식만 고집하기 때문인지 혹은 자기 멋대로 행동하기 때문인지 그 이유는 여러 가지가 있을 것이다. 그 중에서도 가장 큰 이유가 무엇인지 생각해본다. 그리고는 자기 자신에게도 남이 싫어할 만한 점은 없는지 겸허한 마음으로 생각해보도록 한다. 만약 결점이 있으면 그것을 살펴 수정해야 한다. 또한 '상대방도 나처럼 내 결점 때문에 나를 싫어하면서 하는 수 없이 만나고 있는 건 아닐까' 하고 자문해본다.

사람은 누구나 단점이 있으면서 장점도 있다. 싫은 사람이라고 해서 무턱대고 싫어하기보다는 우선 그 사람의 장점이 무엇인지 알아볼 필요가 있다. 그의 장점을 인정하게 되면 그를 전적으로 싫어만 할 수는 없다는 것을 알게 된다. 더구나 어쩔 수 없이 만났다 하더라도 업무상 만나 이야기하다 보면 서로 이해도 하게 되어 친해지기도 하는 것이다.

상사가 실력이 없을 때

직속상사가 실력이 없어 무슨 제안을 해도 묵살해버리고 또 상사로부터 입수되는 정보가 없을 때에는 부하직원으로서도 일할 의욕을 잃어버리게 된다. 이럴 땐 어떻게 하면 좋을까?

• 함부로 상사를 비난하지 않는다

나 같은 경우에도 동료들과 술집에서 상사를 안주삼아 울분을 털어놓았던 기억이 있다. 하지만 자신이 승진해서 막상 윗자리에 앉아 보면 복잡한 문제가 한두 가지가 아니어서 즉시 처리할 수 없는 일이 많다는 것을 알게 된다. 따라서 무능력자라고 상사를 몰아붙이기 전에 정말로 그런지 어떤지 사려 깊게 생각해볼 필요가 있다.

• 제안은 아무도 없을 때 한다

상사에게 제안을 해야 할 때는 아무도 없는 곳에서 만나 일대일로 하도록 한다. 주위에 누가 있으면 상사로서도 자존심이 있으므로 "좋아, 자네 의견대로 하지" 하고 말할 것도 "그렇게 한다고 되겠어. 자네 아직 더 배워야겠어"라고 말하게 된다. 또 외고집인 사람은 상사에게 말대꾸하면서 대항하곤 하는데, 이 또한 매우 서투른 방법이다. 아무리 자신의 말이 옳다 하더라도 상사의 입장을 존중해주지 않으면 사람인 이상 화가 날 것이고 좋은 제안의 의견일지라도 아무 쓸모가 없게 된다.

• 사전에 진언한다

상사에게 진언할 것이 있으면 회의 전이나 사안이 결정되기 전에 미리 말해두어야 한다. 아무리 훌륭한 의견이라도 일이 결정된 뒤에는 아무 의미가 없다. 시간에 쫓겨 급하게 요란을 피우지 말고, 항상 조심스럽게 미리 의견을 말해두는 것이 현명하고 지혜로운 행동이다.

• 사전공작을 긴밀하게 해둔다

사전공작이란 독특한 커뮤니케이션 방법으로 회의 전에 출석자에게 "이러이러한 제안을 할 것이니 협력해주십시오" 하고 사전에 양해를 구해 두는 것을 말한다. 그렇게 해서 회의에서 제안이 원만하게 통과될 수 있게 하는 것이다. 상사가 태도를 확실하게 하지 않은 의견을 받아들이게 하고 싶을 때는 상사의 주위사람. 특히 상사에게 영향력이 큰 사람한테 사전에 살짝 말해두는 것도 좋다. 사전공작이 훌륭하게 이뤄지면 상사는 의견이 맘에 들지 않아도 찬성하지 않으면 안 될 처지에 놓이게 되어 'OK' 하지 않을 수 없다. 또 상사가 본인이 제안한 의견을 자기가 생각해낸 것처럼 말해도 거기에 반론하지 말고 상사의 공으로 돌리도록 해야 한다. 중요한 것은 의견이 통과되는 것이니까 말이다.

타성에 빠졌을 때

타성에 젖어 조금도 일하고 싶은 의욕이 생기지 않을 때는 어떻게 해야 할까?

• 당분간 업무를 잊도록 한다

사정이 허락된다면 휴가를 얻어 여행을 가거나 그동안 하고 싶었던 다른 일에 푹 빠져 잠시 일을 떠나보는 것도 좋다. 그러면 일을 새로운 눈으로 바라볼 수도 있고, 에너지 재충전으로 빨리 일을 하고 싶은 생각도 들게 된다.

• 라이벌의 동향을 살펴본다

좋은 의미든 나쁜 의미든 업무상의 라이벌이 있을 것이다. 그 사람이 일을 어떻게 처리하는지 자세히 관찰해보면 자신도 모르는 사이 의욕이 솟아나기도 한다. 그가 열심히 일하고 있으면 뒤처져서는 안 되겠다는 생각이 들게 되고, 또 일을 제대로 해내지 못하고 있으면 자신이 얼마나 뛰어난지 보여주고 싶은 마음이 생길 것이다.

• 업무 처리방법에 대해 연구한다

자신이 맡은 업무와 관련된 책을 읽거나 그 방면의 전문가에게 문의해서 보다 깊이 연구해보는 방법도 생각해볼 수 있다. 그렇게 해서 새로운 업무 처리방법이나 개선해야 할 점이 발견되면 과감하게 도입해서 시도해본다. 그로 인해 자극을 받으면 의욕이 솟아나 업무에 대한 열의가 다시 생겨나게 된다.

07

직장 매너의 기본

어 떻 게
인정
받을 것인가

에티켓과 예법은 어떻게 다른가. 사람들은 대개 에티켓과 예법이 같은 것이라고 생각하고 있지만 실제로는 상당히 다르다. 특히 그것을 몸에 익히는 과정과 표현하는 방법에 있어서는 정반대의 측면을 지니고 있다.

'예법'은 밖에서 안으로 침투시키는 것인데 반해 '에티켓'은 안에서 밖으로 흘러나오는 것이다. 여기서 말하는 '밖'이란 형태가 있는 동작을 말하고, '안'이란 정신 또는 마음을 뜻한다. 다시 말하면 예법은 동작이나 태도를 규제함으로써 정신에 영향을 주는 것이며, 에티켓은 마음과 정신이 자연스럽게 동작이나 태도로 표현되는 것이다. 에티켓과 예법의 또 다른 차이점은, 예법에서는 항상 상대가 자기보다 손위인지 손아래인지에 따라 달라지며, 특히 손윗사람에 대한 예법이 아주 엄격하다는 것이다. 이에 반해 에티켓은 상대방의 나이나 신분과는 전혀 상관없이

대등한 입장에서 상대방과 서로 관계를 맺는 것이다.

우선 '밖'에서 '안'으로 영향을 끼치는 예법의 대표적인 예로서는 다도茶道를 들 수 있다. 다도는 차 마시는 방법, 찻잔 다루는 법, 걷는 방법 등 하나하나가 명확히 정해져 있어 그 방법대로 계속 연습을 해나가면 정신적으로 훈련이 될 수 있다. 다시 말하면 처음에 형식이 있고 그 형식을 충실히 몸에 익힘으로써 정신적으로 고양될 수 있다는 생각을 바탕으로 하고 있다. 우리는 어릴 때부터 부모님에게서 "어른 앞에서 그게 무슨 태도냐", "어른에게 무슨 말투가 그러냐" 하는 꾸중을 자주 들었다. 이 또한 어른을 대하는 태도나 말투에 형식을 부여해 놓으면 어른을 존경하는 마음이 자연히 우러나오게 된다는 사고방식에서 비롯된다.

한편, 에티켓의 어원은 파리의 베르사유 궁전 앞 화원에 세워져있는 '여러분의 것이므로 소중히 합시다'라는 푯말에서 유래되었다고 한다. '안'에서 '밖'으로 흘러 나오는 에티켓이란, 다른 사람들에 대한 '배려'의 마음이 밑바탕으로 깔려 있어 그것이 자연스럽게 넘쳐 흘러 태도나 행동으로 표현되는 것을 말한다. 이 같은 태도는 특히 문을 열고 들어올 때 하는 행동을 보면 잘 알 수 있다. 문을 밀어 열고 들어온 뒤 문에서 손을 떼기 전에 뒤를 돌아본다. 뒤에 사람이 있으면 손을 떼지 않고 뒷사람이 들어오기 편하게 문을 잡은 채로 넘겨준다. 그러면 뒷사람은 "고맙습니다"라고 말하며 문을 잡고 들어온다. 이것이 에티켓이며 다른 사람에 대한 '배려'의 표현인 것이다. 그 행동에는 아무런 규칙이나 법칙이 정해져 있지 않다. 다만 자기 방식대로 남에 대한 배려의 마음을 태도와 행위로 표현하기만 하면 되는 것이다. 이렇듯 아무리 자유롭게 행동하더라도 다른 사람들을 배려하는 마음만 있으면 결코 남을 불쾌하게 만드는 일은 없으며 그것이 그대로 에티켓과 통한다고 생각한다.

그런데 우리는 외적인 행위나 형식에 스스로를 얽어매려는 경향이 있다. '양식'을 먹는 것만 해도 그렇다. 서양에서 들어온 것인데도 불구하고 식사 방법을 무엇보다도 중히 여기며 그것을 테이블 매너라고 생각한다. 오른손에는 나이프, 왼손엔 포크를 들고 형식대로 먹으려 애쓴다. 그렇게 하지 않으면 저 사람은 양식 먹는 법도 모른다거나 교양이 없다고 비웃음을 살지도 모르기 때문이다.

그러나 정작 서양사람, 특히 미국사람들은 자기 마음이 내키는 대로 자유롭게 식사를 즐긴다. 예를 들면 처음에 고기를 전부 썰어놓은 다음 나이프를 접시 안쪽에 놓고는 포크를 오른손으로 바꾸어 쥐고 찍어서 먹곤 한다. 언젠가 한 미국인 친구와 함께 식사를 했는데, 형식에 얽매이지 않고 자유롭게 식사하는 모습을 보고 "그런 식으로 먹어도 테이블 매너로 괜찮은 거야?"라고 물었다가 친구에게 핀잔을 들은 적이 있다. 그 친구는 이렇게 말했다.

"내가 포크를 오른손으로 쥐고 먹든 왼손으로 쥐고 먹든 자네에게는 아무런 폐도 되지 않잖아. 그러니 에티켓에서 벗어난 일이 아니야. 오히려 너는 식사할 때 입에서 소리를 내면서 먹는데 그거야말로 에티켓에서 벗어난 일 아니겠어?"

확실히 한국, 일본 등 동양 사람들은 음식을 먹으면서 입에서 소리를 낸다. 아마도 음식물 내용과 먹는 방법이 다르기 때문일 것이다. 국수나 과자 같은 오히려 소리를 내면서 먹는 것이 더 맛있는 것처럼 생각되기도 한다.

그러나 서양 사람들은 식사할 때 입에서 소리를 내면 다른 사람에게 불쾌감을 준다고 생각한다. 그야말로 에티켓에 벗어나는 일이 아닐 수 없다. 타인을 배려해주는 마음을 지니는 것은 에티켓의 교본인 동시에 직장에서의 인간관계를 원만하게 유지시켜 주는 근원이 된다.

남을 생각해주는 마음이 없는 사람은 자기 일밖에 모르기 때문에 모든 일을 자기 위주로 행동하고 생각하기 쉽다. 그러므로 직장 내에서도 점차 동료들의 불신을 불러일으키게 되고 결국에는 아무도 상대해주지 않아 혼자 고립되고 만다. 자기 일만이 아니라 항상 남의 일까지 생각하고 배려해주는 마음이 바로 직장을 일하기 즐거운 곳으로 만들어주는 것이다. 지금 나의 인간관계는 어떤지 다시 한 번 돌이켜 볼 필요가 있다.

미국영화를 보면 사장 책상에 걸터앉아 이야기하는 부하직원들의 모습을 볼 때가 있다. 사장은 전혀 화를 내지 않을 뿐 아니라 자기도 양다리를 책상 위에 올려놓고 이야기하기도 한다. 이는 미국이기 때문에 가능한 것으로 아마 우리나라에서 그랬다면 큰일이 날 것이다.

중요한 것은, 우리나라에서는 에티켓뿐만 아니라 행동거지와 말씨를 정중히 하는 예법 또한 중요시된다는 것이다. 손윗사람을 공경하고 남을 불쾌하게 하지 않는 절도 있는 태도와 행위, 말씨에 주의를 기울여야 한다. 특히 고객을 상대로 하는 업무를 담당하는 사람들에게는 더욱더 중요한 일이다.

몸단장

"몸단장은 왜 하는 것일까?"라고 질문하면 대부분 "남에게 불쾌감을 주지 않기 위해" 또는 "최소한의 에티켓이기 때문에"라고 대답하는 사람이 많다. 물론 그런 의미도 있지만, 몸단장을 하는 진정한 목적은 자기 지신을 아름답게 보이기 위해서이다. 성격에도 장단점이 있듯이 용모에도 장단점이 있기 마련이다. 그 단점을 커버하고 장점을 더욱 돋보이게 하는 것이 몸단장이다. 만일 단점이 하나도 없다면 아마도 몸단장은 전혀 필요 없을지도 모른다. 그러나 몸단장을 필요 이상으로 하면 단점은 감출 수 있겠지만 그 대신 자신이 가진 장점까지도 감춰버리게 된다. 그러므로 몸단장은 항상 너무 지나치지 않을 정도로 살짝 품위 있게 하는 것이 가장 좋다.

예전에 백화점 인사과장의 사례를 예로 들어본다. 과장은 한 고객으로부터 투서를 받은 적이 있다고 했다. 내용인즉, "귀하의 백화점에서는 너구리 새끼를 기르고 있습니까?" 하는 것이었다. 과장은 도무지 무슨 이야기인지 알 수 없었다. 백화점에서는 보통 옥상에 새나 다람쥐, 금붕어 같은 것은 팔고 있는데 아직까지 너구리를 판다는 말을 들어본 일이 없었다. 이상하다는 생각에 매장을 찬찬히 둘러보고는 비로소 그 뜻을 납득할 수가 있었다. 눈꺼풀을 새파랗게 칠한 꼭 너구리같은 판매 여사원들이 여럿 만날 수 있었기 때문이었다. 당시 파랗게 칠하는 아이섀도우 화장이 유행하고 있었다. 과장은 한 모퉁이에서 그 작은 너구리가 부인복 판매장에서 파리에서 유행하는 옷에 대해 열심히 설명하는 장면과 맞닥뜨렸다. 유심히 살펴보니 중년부인은 의심스런 표정으로 판매원의 얼굴만 바라볼 뿐 옷을 사려는 기색이 전혀 보이지 않더라는 것이다. 어쩌면 그 중년부인은 마음속으로 '아, 그래요! 이 옷이 파리에서 유행하는 것인가요? 당신의 그 너구리같은 화장도 파리에서 유행하는 것인가 보군요'라고 생각하고 있었는지 모른다. 판매 여사원이 설명한 대로 그 옷은 당시 파리에서 유행하던 것이었다. 그러나 품위 없는 짙은 화장 때문에 여자 손님은 그 설명을 믿으려 하지 않았던 것이다.

몸단장에 있어 가장 중요한 세 가지 포인트는 '청결', '은밀', '센스'이다. 우선 첫 번째 포인트인 청결에 있어서는 매일 손질하는 것이 가장 중요하다. 식품판매원들은 고객에게 청결한 인상을 주기 위해 늘 흰 가운을 입는다. 하지만 가운도 손질을 자주 하지 않으면 희뿌연 회색으로 변하여 오히려 고객에게 불결한 인상을 주기 쉽다. 청결이란 흰 가운을 입는 것이 아니라 바로 그 가운을 청결하게 유지하도록 매일 손질하는 것을 말한다.

특히 남성이 주의해야 할 세 가지 사항이 있는데, 첫째는 매일 반드시 면도를 해야 한다는 것이다. 수염이 많지 않거나 면도하는 것을 귀찮아하는 사람들은 종종 면도를 걸러 수염이 삐죽삐죽 지저분하게 나 있는 경우가 많다. 자신은 느끼지 못하지만, 깎지 않은 수염은 주위사람에게 불결한 인상과 불쾌감을 준다. 매일 아침 세수하는 것이 당연한 일처럼 남성에게 있어서 아침마다 면도하는 것은 당연한 일이며 최소한의 에티켓이기도 하다. 두 번째는 '머리모양'이다. 최근에는 다양한 헤어스타일이 유행이라 별 문제가 없지만, 업무의 특성과 상황에 맞게 손질을 해주지 않으면 안 좋은 이미지를 줄 수 있다. 세 번째는 항상 깨끗한 내의를 입는 습관을 들이는 일이다. 이는 여성의 경우에도 마찬가지이다. 청결한 내의를 새로 갈아입었는데 그 위에 더러운 와이셔츠나 블라우스를 입게 되지는 않기 때문이다.

몸단장의 두 번째 포인트인 '은밀'도 중요한 포인트이다. 너무 지나치지 않고 은근한 기품이 배어나오는 몸단장을 말하는 것이다. 몸단장을 너무 지나치게 한다거나 품위 없게 보이는 느낌은 아직 한국사회의 정서상 좋은 이미지를 주기는 어렵다는 것을 명심하자.

몸단장의 마지막 포인트는 바로 '센스'이다. 센스는 태어날 때부터 타고나기도 하지만 대부분은 후천적인 것으로 스스로 닦아야 하는 것이다. 바꿔 말하면 센스란 스스로 연마하지 않으면 향상되지 않는다. 예술적인 방면에 많은 접촉을 갖고 또한 옷을 조화 있게 입는 법 등을 연구하여 그것을 훌륭하게 표현해내는 것이 바로 센스인 것이다. 특히 처음 대면할 때는 복장에 의해 첫인상이 결정되는 경우가 많으므로 유의하도록 한다.

유니폼 입는 법

과거 유니폼은 디자인과는 무관한 단순 작업복 정도로 치부됐지만 최근에는 디자인은 물론 기업이나 직업의 명예를 드러내는가 하면, 안전 기능까지 겸비한 전문 의류로 부상하고 있다. 유니폼을 입는 곳이 많아졌고 또한 유니폼 형태도 다양해졌다. 회사뿐만 아니라 고객을 상대하는 소매점이나 서비스 업종에서도 유니폼을 도입하고 있고, 남성도 유니폼을 입는 곳이 자주 눈에 띄게 됐다. 그럼, 유니폼은 왜 입는 것일까? 종업원과 손님을 구별하고 사복이 더러워지는 것을 피하기 위해, 또는 작업 중이라는 자각을 높이기 위해 등등 여러 가지 이유가 있겠지만, 그중에서도 가장 큰 두 가지 이유가 있다.

하나는 '기업의 이미지 재고'이고 또 다른 하나는 '통일된 아름다움'을 보이기 위해서이다. 많은 기업이 특히 소매업이나 서비스업들은 상당한 비용을 투자하여 실내 인테리어나 밝은 조명을 설치하여 기업의 이미지 재고에 힘쓰고 있다. 그런데 그 안에서 일하는 종업원이 칙칙한 사무복을 입고 있다면 이미지는 떨어질 수밖에 없다. 그러므로 유행하는 스타일을 감안하여 그곳에 어울리는 유니폼을 착용함으로써 기업 이미지를 뚜렷이 부각시키고자 하는 것이다. 그리고 '통일미'란 모두 똑

같은 유니폼을 입음으로써 통일된 아름다움을 보여줌과 함께 통일된 행동의식을 부여하는 것이다.

대부분의 경우 새로운 유니폼을 제작, 도입할 때 바람직하지 않은 두 그룹이 생겨나게 마련인데, 하나는 이른바 '유니폼 반발 그룹'이다. 어떤 사람은 학교 때처럼 유니폼 스타일이 맘에 들지 않는다거나 자기에게 어울리지 않는다는 이유로 스커트 길이를 줄이거나 개조해서 입는 경우가 있는가 하면, 유니폼은 그대로 입지만 그 획일성에 반발해 화장이나 머리 모양을 눈에 띄게 하는 방법으로 자기 개성을 발휘하려고도 한다. 유니폼의 의미를 충분히 이해할 필요가 있다. 즉, 유니폼을 입는 의도는 통일된 미를 창출해 내고자 하는 것이므로 각자의 개성은 일단 제한적으로 표현되어야 한다는 사실을 알아야 한다. 물론, 모든 사람의 의견이 똑같을 수는 없고 또 그럴 필요도 없지만 고객을 당혹하게 만드는 상반되거나 모순된 표현을 해서는 안 된다. 동일한 디자인의 유니폼을 입고 있다는 것은 업무 추진방법이나 사고방법에 있어 어느 정도 서로 합일돼 있다는 것을 나타내주기 때문이다.

항공사의 객실훈련실에 들어가 보면 머리 부분만 있는 마네킹 다섯 개가 나란히 진열되어 있다. 각각의 유니폼에 어울리는 다섯 가지 헤어스타일을 선정하여 전시해 놓은 것이다. 최근 일반 회사나 소매점에서는 머리 모양까지 규제하는 일은 없지만, 적어도 유니폼을 입는 곳이라면 개성미나 반발감이 드러나지 않도록 스스로 자제할 필요는 있다. 유니폼을 착용할 경우 발생하는 또 다른 좋지 않은 그룹은 너무 유니폼에 의지하려는 사람들이다. 유니폼에 반발하는 것도 곤란하지만 너무 지나치게 의존하는 것도 바람직하지 않다. 즉, 유니폼만 입고 있으면 복장은 만점이라고 생각해 모든 것을 유니폼에 맡겨 버리는 사람들을 말한다.

D회사의 인사과장이 은밀히 한 가지 실험을 실시한 적이 있다. 하루는 쇼핑점 내에서 가장 복장이 좋지 못한 사람과 또 가장 좋은 사람, 그리고 보통 수준인 세 사람을 불러 유니폼에 여유가 생겼다며 새 유니폼을 한 벌씩 더 지급했다. 그리곤 2개월 후에 불시에 세 사람을 불러서 "실은 계산착오로 유니폼 세 벌이 부족하니 전에 준 것을 다시 반납하라"고 했다.

유니폼을 회수하여 세밀히 조사한 결과, 점내에서 가장 복장이 좋지 못한 여사원의 유니폼은 단추가 떨어져 있고, 아직 해어질 때가 되지도 않았는데 여러 군데 흠집이 나 있었다. 뿐만 아니라 옷깃에는 머리때가 지저분하게 묻어 있어 만지기조차 꺼려질 정도였다. 그런데 복장 차림이 가장 좋은 여사원의 유니폼은 단추도 제대로 붙어 있고 옷깃도 깨끗했다. 그 옷을 입었던 사람의 마음가짐이 느껴져 왔다. 더욱이 놀라운 것은 스커트를 말끔히 다려놓기까지 했다는 사실이었다. 아마도 집에 가져가서 다려 왔을 것이다. 그리고 몸단장이 보통인 여사원의 옷은 그저 보통 수준이었다. 불과 2개월밖에 지나지 않았는데도 옷 입는 방법에 따라 이렇게 차이가 난다는 것을 확인하고는 놀라지 않을 수 없었다.

유니폼은 옷감이나 디자인이 같으므로, 옷 입는 방법을 보면 그 사람의 성격도 어느 정도까지는 판단할 수 있다. 그 가장 좋은 예가 블라우스다. 옷깃이 구겨져 있는 사람은 성격적으로 단정하지 못한 경우가 많으며, 옷깃이 항상 깨끗하고 빳빳한 사람은 성격도 예의가 바른 사람일 경우가 많다.

그럼 사복의 경우에는 어떠한가. 물론 화려한 것을 좋아한다든가 소박한 것을 좋아한다든가 하는 정도의 것은 알 수 있지만, 그 사람의 성격까지 파악하는 것은 쉽지 않다. 왜냐하면, 각자가 다른 옷을 입고 있을 뿐 아니라 대부분 자신에게 가장 어울리는 복장을 하고 있으므로 비교하기가 어렵다. 최근에는 더 그렇다. 하지만 유니폼은 옷감이나 디자인이 같으므로 쉽게 비교할 수 있고 또 그 성격까지도 나타내준다. 그러므로 유니폼에 너무 의존하지 말고 항상 단정하도록 주의해 자신의 좋지 않은 점이 주위에 노출되는 일이 없도록 해야 한다.

존중과 배려

어떤 사람을 놀릴 때 흔히 "저 친구는 촌놈이야"라고 말한다. 세상물정을 잘 모르는 사람, 혹은 상식이 없는 사람을 뜻한다. 그러나 과연 '촌놈'이라는 말이 그런 의미만을 가지고 있는 것일까. 또 '촌놈'이라고 남을 비웃은 사람 본인은 과연 얼마나 훌륭한 '도시적 센스'를 지니고 있으며 사물은 또 얼마나 충분히 분별할 수 있는지 의심스럽지 않을 수 없다. 아마도 촌놈이란 '촌놈 → 시골에 사는 사람 → 도시생활에 익숙하지 못하다 → 간혹 도시에 나오면 당황한다 → 그 결과 남에게 폐를 끼친다 → 에티켓을 잘 모른다'는 연상에서 그런 의미를 지니게 되었을 것이다. 몇 해 전에 지방 강연을 마친 뒤 워크숍에 참석하게 되었는데 이런 이야기가 나왔다.

옛날에 영국 황태자가 미개국의 왕을 초대하여 만찬을 베풀었다. 식사가 끝날 무렵 맛있게 보이는 싱그러운 과일과 물이 담긴 깨끗한 은제 그릇이 접시에 받쳐져 나왔다. 미개국 왕은 은제 그릇에 담긴 물을 깨끗이 마셔 버렸다. 함께 배석한 황태자의 신하들은 당황하여 어찌할 바를 몰랐다. 은제 그릇은 핑거볼finger bowl이라고 해서 과일을 먹은 다음 손을 씻기 위해 준비된 것이기 때문이었다. 그런데 황태자는 조금도 당황하지 않고 "폐하를 위해 건배!" 하고는 핑거볼을 높이 들어 올리고는 물을 마셨다. 이 광경을 본 신하들은 모두 황태자처럼 물을 마셨다. 만찬회는 즐겁게 끝이 날 수 있었다.

사람과 사람 사이의 교제에 있어 중요한 것은 얼마만큼 많은 상식을 갖추고 있는가 하는 것이 아니라, 얼마나 상대를 존중해주는가 하는 데 있다. 상대가 곤경에 처했을 때 먼저 손을 내밀어 도와줄 줄 알아야 한다. 사물을 잘 모른다고 '촌놈'이라고 남을 비웃는 사람이야말로 사람과 사람 사이의 교제가 무엇인지를 모르는, 허허벌판 외딴집에 사는 진짜 촌놈이 아닐까?

촌놈이 도시생활에 익숙하지 못한 사람을 뜻한다면, 도시에는 얼마나 많은 촌놈들이 살고 있는가. 사람의 왕래가 많은 지하철역 입구를 가로막고 서서 장황하게 이야기를 늘어놓는 사람, 좁은 버스 안에서 양다리를 크게 벌리고 좌석을 혼자 차지하는 사람, 주위사람은 아랑곳없이 북적이는 전철 내에서 큰소리로 전화통화를 하는 사람 등등 남의 일에 무관심한 사람은 모두 촌놈인 것이다. 그래서 '도시의 정글'이란 말이 생겨났는지도 모르겠다.

직장에도 촌놈이 많다. 자기가 편할 때 제멋대로 휴가날짜를 잡는 사람, 자기 일이 끝나면 남이 아무리 바쁘건 뒤도 돌아보지 않고 퇴근하는 사람, 거래처 입장보다는 자기 입장을 먼저 생각하는 사람 등등 촌놈도 다양하다. 자기 혼자 일을 수행하는 경우라면 별 문제지만, 두 사람 이상이 분담하여 일을 할 때는 서로 긴밀히 협력하지 않으면 결코 노력만큼 성과가 오르지 않는다. 1+1이 2가 되는 것은 지극히 당연한 일이지만, 그것은 한 사람 한 사람이 따로 일한 결과밖에 되지 않는다. 1+1이 3이 되고 5가 될 수 있도록 해야 하는 것이다. 그것이 여러 사람이 힘을 합쳐 일하는 의미이며 팀워크의 중요성인 것이다. 팀워크를 높여 효율적으로 일을 해나가기 위해서는 각자가 그저 단순히 힘을 합하는 것이 아니라, 서로의 장점과 단점을 잘 이해하고 보완해가는 것이 중요하다. 그러나 팀 구성원 가운데 남의 일에는 전혀 상관없이 자기 일만 생각하고 행동하는 사람이 한 사람이라도 있으면 팀워크는 무너지고 일의 효율은 현저히 떨어질 수밖에 없다. 그런 사람이야말로 '진짜 촌놈'인 것이다.

내가 먼저 다가가서 인사한다

인사는 다른 사람과 서로 만나거나 헤어질 때, 기쁘거나 슬픈 일이 있을 때 말이나 태도 등으로 존경과 사랑 또는 우정을 표시하는 행동의 양식이다. 나 아닌 다른 사람들과의 관계 속에서 만남의 시작은 대개 인사로 문을 열게 된다.

인사에 관한 필자의 경험담이다. 입사 당시, 신입사원 교육에서 가장 먼저 교육받은 것은 '인사연습'이었다. 강사님은 신입사원인 우리에게 제일 처음 다음과 같은 질문을 던졌다.

"오늘 아침 부모님께 '안녕히 주무셨습니까?'라고 인사한 사람 손 들어보세요."

손을 든 사람은 30명 중 8명 정도였다. 그러자 강사님은 "인사하는 것에는 익숙한 사람과 그렇지 않은 사람이 있습니다. 인사에 익숙하지 않은 사람은 연습에 의해 익숙해질 수 있으며, 또 가령 인사에 익숙한 사람이더라도 장소나 상대가 바뀌었을 때는 어떻게 대처해야 하는지를 연습해 볼 필요가 있습니다. 그러면 한 사람씩 앞으로 나와서 '안녕하십니까?'라고 큰소리로 인사해 봅시다."

그것은 인사하는 것에 익숙해져 있는 사람에게는 아무것도 아니었다. 그러나 그렇지 않은 사람들에게는 매우 어색하고 힘든 일이었을 것이다. 동료들 가운데는 "왜 이런 연습을 해야 하지"라고 불만을 토로하는 사람도 있었다. 그 후 교육을 마치고 부서에 발령받았는데 의외로 부서에서 인사하는 사람이 그리 많지 않다는 것을 알게 되었다. 그 이유에 대하여 물어보았더니 인사를 하지 않게 된 가장 큰 이유 중의 하나가 내가 먼저 인사를 해도 상대방이 무시해버리는 거북한 경험 때문이라고 했다. 먼저 인사를 했는데 상대방 쪽에서 아무런 반응이 없다면 사실 난처해지기 마련이다. 그렇게 되면 그다음부터는 인사를 하지 않게 되고 인사를 하지 않으니까 상대방은 그 이유를 모른 채 '왜 인사를 하지 않는 것일까? 혹시 나를 피하는 것은 아닐까?'라는 생각을 하

게 되고 서로의 관계는 점점 더 멀어질 수밖에 없다.

내 경험으로 미루어 보았을 때도 인사를 받고도 미처 답례하지 못했던 적이 있다. 답례할 시기를 놓쳐버리고 만 경우가 누구든 더러 있다. 그러므로 상대방의 반응을 기대하고 인사하는 것이 아니라 그냥 먼저 인사를 한다고 생각하자. '적극적이다'라는 것은 자기가 먼저 다른 사람에게 다가가는 것이라고 생각한다. 그러므로 적극적인 사람이 되려고 한다면 기대하지 않고 내가 먼저 다른 사람에게 인사하는 것이 중요하다. 이왕이면 진실한 마음을 담아 '안녕하십니까?'라고 미소와 함께 다가가면 어떨까.

선즉제인 先則制人 이라는 말이 있다. 남보다 앞서 일을 도모하면 상대방을 누를 수 있다는 뜻으로 상대방보다 내가 먼저 다가가서 인사하는 것이 좋다. 적극적인 인간이란 자신이 먼저 행동으로 실천하는 사람을 말한다. 자신이 적극적인 사람이 되고자 한다면, 먼저 인사하는 것이 바로 그 열쇠인 것이다. 자연스럽게 몸에 익숙해지기까지는 시간과 연습이 필요하다.

　다음의 아침인사, 일과 중의 인사, 퇴근시의 인사 등을 자연스러워질 때까지 몸에 익혀두도록 하자. 상식적으로 알고 있는 인사말이지만 실천이 중요하기에 다시 한 번 강조하기 위해서이다.

- 출근해서는 "안녕하십니까?"

- 퇴근할 때는 남아서 일하는 사람에게 "먼저 실례합니다."

- 먼저 퇴근하는 사람에게는 "수고하셨습니다."

- 외출할 때는 "다녀오겠습니다."

- 외출하는 상사나 동료에게는 "다녀오십시오."

- 외출에서 돌아왔을 때는 "다녀왔습니다."

- 외출에서 돌아온 사람에게는 "다녀오셨습니까?"

- 복도나 통로에서 손님·상사·동료와 스쳐지나갈 때는 목례로써 가볍게 인사한다.

인사는 업무의 기본이다

　비즈니스의 기본은 직장에서의 인간관계라고도 할 수 있다. 직장에서의 하루 일과는 인사로 시작해서 인사로 끝난다. 인사는 사회생활에서 빼놓을 수 없는 필수 역량인 것이다. 인사한다는 것 하나만으로 인간관계의 호불호가 좌우되기도 한다. 인사를 함으로써 인간관계가 잘 유지될 수도 있고, 인사를 하지 않음으로써 인간관계가 위험에 처해지기도 한다. 한 번, 두 번 인사하기가 잘 되지 않았다고 해서 포기해 버린다면 더욱더 거북한 관계가 될 것이다. 따라서 고민하기보다는 오히려 실천해보자는 적극적인 사고로 임한다면 인사해서 손해 볼 일은 없다. 그러니 자주 자주 끊임없이 인사하자. 인사의 중요성을 살펴보면 다음과 같다.

첫째, 인사는 내가 먼저 하는 것이 중요하다. 내가 먼저 기분 좋게 인사하다 보면, 그 인사에 의해서 누구나 기분 좋게 하루를 시작할 수 있다. 인사를 잘 하지 않게 된 이유의 대부분은 '인사를 했는데도 반응이 없었다, 그래서 이제는 하지 않는다'는 것이다. '했다', '하지 않았다'에 얽매이다 보면 개선되기는커녕 점점 더 악화될 뿐이다. 싸움도 마찬가지이다. '이쪽이 먼저 했다', '아니, 저쪽이 먼저 했다' 하다 보면 점점 더 커지기 마련인 것처럼 처음에는 사소한 언쟁에서부터 비롯된다는 것을 알 수 있다. '인사를 했는데 대답이 없다, 그래서 이젠 인사를 하지 않는다', '상대방이 인사를 하지 않으니까 나도 인사를 하지 않는다', '상대방이 먼저 인사를 하지 않았다'라고 꼬투리를 잡다 보면, 결국은 다툼의 조건이 갖추어지게 되는 것이다. 상대방의 반응 여하에 따라 인사한다는 것은 바람직하지 않다. 반응이 있든지 없든지 간에 인사는 자신이 먼저 적극적으로 해야 하는 것임을 명심하자.

둘째, 인사는 상대방이 들을 수 있도록 밝고 상냥하게 분명히 해야 의미가 있으며, 상대방의 기분도 좋아진다. 또 인사는 차별하지 않고 누구에게나 해야 한다. 사람의 좋고 싫음으로 인사 대상을 선택한다는 것은 공동생활의 장場인 직장 분위기를 그르칠 우려가 있다.

　신입사원 때의 일이다. 업무가 끝나서 퇴근을 하려는데 선배사원이 그때까지 일을 하고 있었다. 그냥 퇴근하기가 조금 난처했다. 언제까지 머뭇거리고 있을 수가 없어서 결국은 "제가 좀 도와드릴까요?"라고 말을 건넸다. 그랬더니 선배는 먼저 퇴근하라고 하면서 웃어주었다. 그때서야 비로소 "그러면 먼저 실례하겠습니다"라고 인사한 후 퇴근할 수 있었다.

　내가 좋아하는 TV프로그램 중 '전국노래자랑'이 있다. 이 프로그램을 보다가 느낀 점이 있다. 앞 사람의 노래가 끝나면 그다음 차례가 순서인 사람이 무대 뒤에서 바쁘게 뛰어나온다. 이것은 조금이라도 시간을 절약하여 가능한 한 많은 사람을 참여시키려는 취지일 것이다. 이때 젊은 사람들은 매우 활기찬 모습으로 뛰어나오지만 연로한 분들이 엉거주춤 뛰어나오는 모습은 몹시 불안해 보일 때가 있다. 그럴 때 사회자가 다가가 "천천히 나오셔도 됩니다"라고 인사하는 모습은 매우 흐뭇하다. 여러분도 가끔은 출연자가 "17번, 보문동에서 온 이안이 아빠입니다. 잘 부탁드립니다"라고 정중하게 인사하는 이들의 모습을 본 적 있을 것이다. 이런 정중한 인사는 그 사람이 합격하리라는 것을 짐작하게도 한다. 이렇게 정중하게 인사하는 사람을 보면 무의식중에라도 그 사람을 응원하고 싶어진다.

　많은 사람 앞에서 정중하게 인사한다는 것은 그리 쉽지만은 않다. 그것도 연습을 되풀이해서 무대에 서는 것이 아니라 처음 서는 무대이기 때문에 더욱더 어렵다. 긴장과 흥분 속에서 정중하게 인사하는 것이므로 시청하는 입장에서도 응원을 아끼지 않게 되고, 합격의 벨이 울리면 자신도 모르게 마음속에서 우러나오는 박수를 보내게 된다. 인사는 만남에서 친숙으로 이어지는 다리와 같은 것이라고 생각한다. 그러므로 인사는 모든 생활과 관계의 기본이고 조직에서는 업무의 기본인 것이다.

 인사의 TPO(Time 시간, Place 장소, Occasion 상황)를 생활 속의 체험을 통해서 살펴보자. 사람에 따라서 인사에도 습관이 있다는 것을 알 수 있다. 굽실굽실 인사하는 것은 별로 좋은 인상을 주지 못한다. 그렇다면 나 자신은 어떤 습관을 가지고 있는지 알아보고 마음을 전하는 정중한 인사는 어떻게 하는 것일까를 생각해보자.

현장관리 감독자의 공개교육에서 여러 회사의 현장감독자들과 이야기할 기회가 있었는데, 교육프로그램 가운데 현장감독자들의 고민을 듣고 대화를 나눌 수 있는 시간이 마련되어 있었다.

"현장에서 더러운 작업복을 세탁하지 않고 며칠씩 입는 직원이 있어요. 기름으로 얼룩진 작업복을 입고 있으면 열심히 일하는 것처럼 보인다고 생각했는지 항상 더러운 작업복을 입고 있지요. 그에게 어떻게 충고하면 청결한 복장으로 바꿀 수 있을까요?"라고 A사의 현장감독자가 고민을 상담했다.

주의를 주는 것밖에 달리 대안이 있는가? 아무리 본인이 좋다고 생각하는 것일지라도 주변에서 어떻게 보고 있다는 정직한 의견을 듣는 것이 개선의 동기가 되는 유일한 길이라고 생각한다.

사례를 들어 조언을 할 때는 특정인을 빗대어 암시하는 사례가 되면 그 사람에 대한 비판이 될 수 있다. 그러므로 특정인과 관계되는 이야기는 피하고 에둘러 화제에 올리는 것이 좋다. 몸가짐에 대한 나쁜 사례는 일반적이고 보편적인 얘기로 이야기하고, 좋은 사례는 사실대로 구체적으로 이야기하는 것이 좋다. 시간이 흐를수록 습관으로 굳어지면 더더욱 이러한 것들은 고치기가 어렵다. 그렇게 되면 당사자는 아무에게도 지적받지 못한 채 주위사람들로부터 외면당하고 말 수 있다. 지나치게 타인을 의식하는 것도 문제지만, 비즈니스맨인 이상 청결한 복장과 단정한 몸가짐으로 좋은 인상을 심어줄 수 있어야 한다. 그리고 이러한 습관은 처음부터 바르게 하는 것이 매우 중요하다.

생각해보면 우리 자신도 이처럼 깨닫지 못하는 사이에 이 같은 경우가 있었을지 모른다. 단정한 몸가짐은 타인에게 좋은 인상을 준다. '좋다, 나쁘다' 하는 문제가 아니라 주위사람에게 주는 인상이기 때문에 자신이 아무리 정당성을 주장해도 소용이 없다. 어느 누구를 막론하고 불쾌감이나 불결함을 느끼게 하는 사람과는 두 번 다시 만나고 싶지 않다. 아무리 인품이 훌륭하더라고 그것을 인정받기 전에 먼저 거부반응을 일으키게 될 것이다.

항상 밝고 명랑하고 바른 자세로 업무에 임하는 것 또한 중요하다. 어두운 표정과 힘없는 모습은 상대방에게 기분이 좋지 않다는 인상을 주어 상대방으로 하여금 쓸데없는 걱정을 하게 한다. 고객을 접대하고 있을 때, 상사 옆에 앉아 이야기를 듣고 있는 여러분의 자세에 허점은 없는지, 딴전을 부리거나 손장난을 하는 일은 없는지, 본인은 자신의 자세와 행동을 의식하지 못하므로 자기도 모르게 버릇이 나오는 경우도 있다. 또 아무도 보고 있지 않다고 해서 아무렇게나 의자에 앉아 있지는 않은지 자신을 살펴볼 필요가 있다. 허리를 펴고 활기차게 움직이도록 한다. 출근하면서 등을 굽히고 힘없이 걷는 사람과, 허리를 펴고 당당하게 걷는 사람이 나란히 걸어가는 모습을 보았다. 활기차고 당당하게 걷는 사람을 본다는 것은 기분 좋은 일이다. 바른 자세로 사람들과 접하고, 활기차게 일에 열중하는 모습은 직장 분위기를 좋게 할 뿐만 아니라 고객이나 주위사람들에게도 좋은 인상을 주어 비즈니스를 원활하게 진행할 수 있게 만든다.

불쾌감을 드러내지 않는다

'신입사원과 베테랑의 차이는 무엇일까?' 베테랑은 아무리 피곤해도 근무시간에 크게 하품하는 일을 찾아보기 힘들다. 하지만 신입사원이 하품하는 모습은 흔히 볼 수 있다. 베테랑은 언짢은 일이 있어도 다른 사람에게 불쾌감을 노골적으로 드러내는 일이 없다. 물론 신입사원이라고 해서, 또는 베테랑이라고 해서 모두 그렇지는 않겠지만, 대체적으로 그러한 경향이 있다는 것이다. 학생 때는 여러 친구 가운데서 마음이 잘 맞는 친구만 사귀면 되므로 인간관계에 그리 큰 문제가 없었을 것이다. 그러나 직장생활에 있어서는 연령이라든가, 입장이 서로 다른 사람과도 유대관계를 유지해야 한다. 직장에는 나이라든가 성격 등이 서로 다른 여러 사람이 모여 있으므로 자신이 싫고 좋음에 관계없이 함께 일해야 한다.

다른 사람에게 무엇을 물어보았을 때 "그런 것 정도는 직접 조사하세요"라는 예기치 않은 답변을 들었을 경우 기분이 상해 그것을 얼굴에 드러낸다 해도 아무도 도와주지 않는다. 불쾌한 표정이라든지 싫다는 감정을 노골적으로 드러내면 어느 누구든 기분이 좋을 리가 없다. 표정에 불쾌감을 드러내는 사람의 일을 부탁받고 거기에 온 힘을 쏟을 리는 만무하다. 하나의 일이 완성되기까지는 여러 사람의 협력이 필요하다. 그런 만큼 기분 좋게 일을 진행해야 한다. 따라서 아무리 싫은 사람이라도 불쾌한 표정이나 태도를 취해서는 안 되는 것이다. 그리고 사무실에서 크게 하품하는 것도 삼가야 한다. 근무 도중에 하품하는 것은 긴장이 풀어졌다는 뜻으로 평가될 수도 있으며, 다른 사람의 눈에는 칠칠치 못한 사람이라고 인식될 수 있다.

공사(公私)를 명확히 구분한다

'공사公私의 구분'에 관해서 다시 한 번 마음을 새롭게 다지도록 한다. 공사를 구분하는 것이 매우 중요하다는 것을 알고는 있지만 의외로 그것을 실천하기는 어렵다. 업무에 따라서는 어디까지가 공적인 일이고, 어디부터가 사적인 일인지 구별조차 어려운 경우도 있다. 규칙으로 정해져 있다 해도 자신의 마음속 룰rule은 또 다를 수 있다. 자신의 척도로 판단하여 '이 정도의 것은 상관없겠지'라는 사고방식이 작용된다. 그리고 회사의 비품이라든가 사무용품 사용, 또는 근무 도중의 사적인 전화사용 등의 공사 혼동도 있다. '사소한 것쯤이야' 하는 느슨한 마음과 사고방식의 차이가 이런 공사의 혼동을 초래한다. 대부분 '사소한 것쯤이야'라는 생각들이 의식을 지배해 지켜지지 않는 일이 의외로 많다.

사소한 공사의 혼동에서 큰일이 생기는 경우도 있다. 공사 구분이 불분명한 사람의 마음속에는 '사소한 것쯤은 괜찮지 않을까'라는 생각이 자리 잡고 있다. 그래서 주의를 주게 되면 사소한 것까지 주의를 준다고 오히려 반발심만 유발시킬 뿐 좀처럼 고쳐지지 않는 것이 현실이다.

　헐레벌떡 뛰어와 '가까스로 지각은 면했다'라는 사람이 있다. 가령 그랬다고 치더라도 숨이 가빠서 호흡을 가다듬는 시간, 땀을 닦거나 차를 마시는 시간, 이것만으로도 시작시각에서 적잖게 시간이 지나가 버린다. 이것은 지각과 마찬가지이다. 시간엄수는 비즈니스의 철칙이다. 회의시간이나 방문시간을 지키지 못하는 비즈니스맨은 실격이라고 할 수 있다. 최소한 약속시간 10분 전에는 준비가 완료되어야 한다.

　중견사원 교육 때의 일이다. 상습적으로 지각을 하는 남자직원에게 여직원이 "이제 지각은 그만하는 것이 좋겠네요"라고 충고한 적이 있다. 그는 사내에서도 유명한 상습적으로 지각이 잦던 직원이었다. 지금까지 여러 사람이 주의를 주었지만 좀처럼 고쳐지지 않았다. 그것을 염

려한 여직원이 "지각을 하지 않으면 안 될 무슨 이유라도 있어요?"라고 물어보았다. 그러자 그 직원은 "그래봐야 겨우 10분, 20분인데 너무 사소한 것까지 간섭하지 않았으면 좋겠다"라는 것이었다. 그는 여직원의 충고를 받아들일 생각이 전혀 없었던 것이다. 그는 "아침에 조금 지각한다지만 그 몇 배나 무보수로 잔업을 하고 있고 또 충분히 일하고 있으므로 그 정도는 괜찮지 않은가"라는 논리로 말했다. 그의 생각에 대해 많은 사람은 "그 같은 생각은 당치 않다"라고 반박했지만, 그는 자신의 생각이 통하지 않음은 물론 자신이 무엇을 그렇게 크게 잘못했는지 모르겠다는 식의 불만의 표정을 지어 보였다.

아슬아슬하게 출근하는 데는 그 나름의 이유가 있을 수 있다. 그러나 그 이유 때문에 여유 있는 출근을 할 수 없다면 다시 한 번 그 이유를 재고해보아야 하지 않을까?

퇴근 후에는 어떻게 보낼 것인가

회사 업무가 끝난 뒤 어떻게 보낼 것인가, 휴일 등은 어떻게 보내는가 하는 것은 각자의 결정이지만, 다음 날 정시에 출근해야 하는 직장인의 여가활용은 어떻게 잘 보내면 좋을지는 생각해볼 문제이다. 여가 시간을 이용하여 일과 관련된 독서를 하거나 영어회화 공부를 한다면, 그리고 무엇이든 간에 여러 자격증을 취득하고자 노력한다면 직장생활을 충실하게 보낼 수 있을 것이다. 다양한 정보가 축적됨으로써 적절한 대응을 할 수 있기 때문이다. 반대로 별일 없이 빈둥빈둥 시간을 보내버리면 매력 없는 직장인이 되고 말 것이다.

회사에서는 사원 각자가 퇴근 후에도 자기계발에 힘쓸 것을 기대하고 있다. 일은 일, 가정은 가정으로 정확하게 구분지어 회사의 일을 집으로 끌어들이지 않는 이도 있는데, 현실적으로는 그렇게 확실하게 구분되어지지 않는 경우가 많다. 또 심지어는 밤늦게까지 음주한 다음 날 아침 출근하여 숙취로 머리가 아프다고 잠시 멍해 있는 사람도 있다. 아침부터 멍청히 있는 것은 태만하다고 평가될 수 있다. 일이 손에 잡히지 않는 일이 없도록 컨디션을 조절하여 퇴근 후의 시간도 효율적으로 활용해야 한다.

일에서 벗어나 노는 데 열중인 사람이 있다. 평소에는 흐리멍덩하던 눈이 노는 일만 있다면 생기 있게 빛난다. 또 반대로 일할 때는 태도가 돌변하여 의욕을 잃고 동작도 태만하게 된다. 그리고 일만 하고 휴일엔 잠만 자는 것도 곤란하다. 균형을 맞춰서 양쪽 모두 즐길 수 있도록 했으면 한다. 너무 지나치게 노는 것 같으면 브레이크를 걸 줄도 알아야 하겠다.

책상과 의자는 비즈니스의 성(城)

신입사원교육에서 빠짐없이 항상 언급되는 것이 자리를 뜰 때 앉았던 의자를 안으로 집어넣는다는 것이다. 식당이라든가 사무실에서 자리에서 일어날 때 의자를 원래대로 해놓는 사람은 그리 많지 않다. 의자라든가 책상 위의 서류를 정리한 후에 자리를 뜰 것을 권한다. 그리고 후배 사원에게 모범을 보여야 한다. 가끔 사무실에서 삐딱하게 앉아 일을 하거나 엉뚱한 곳에 의자를 버려둔 채로 자리를 뜨는 사람을 볼 수 있다. 근무 자세는 물론이거니와 보는 사람의 입장에서도 기분이 그리 좋지 않다. 통로까지 끄집어낸 의자는 보행에 방해가 되기도 한다. 회사 내외內外를 불문하고 자리를 뜰 때는 반드시 의자를 제자리에 돌려놓아야 한다.

책상은 비즈니스맨에게 있어서 그라운드ground이다. 회사에 있는 시간의 대부분을 책상에서 보내기 때문이다. 책상 위는 깨끗이 정리정돈하도록 하고, 서류와 필기구, 계산기 이외의 것은 두지 않도록 하는 것이 좋다. 서류나 그 외의 자료도 난잡하게 두지 말고 깔끔하게 정리한다. 즉 어떤 서류가 어디에 있는지 곧 알 수 있는 상태로 해두어야 한다. 신문이라든가 주간지를 어수선하게 펴놓거나 개인 소지품인 지갑이나 손수건을 놓아두는 것을 삼가야 하겠다. 또 중요한 서류는 자신의 보관함에 넣어두고, 책상서랍은 잠그지 않도록 한다. 자리를 비웠을 때 급한 일이 생기면 어디에 무엇이 들어 있는지 직장동료도 쉽게 알 수 있도록 해두어야 한다. 퇴근할 때는 책상 위를 깨끗이 치운 후에 돌아간다. 정리정돈은 사람에 따라 그 정리의 기준이 다르다. 한 사람의 눈에는 깨끗하게 보이는 것도 다른 사람의 눈에는 난잡하게 느껴질 수가 있기 때문이다. 그러므로 정리정돈의 기준을 구체적으로 제시할 필요가 있다. 따라서 사진 등을 참고자료를 통해서 구체적으로 이해하는 것이 좋다.

얼마 전 볼일이 있어 사무실 근처의 부동산사무실을 방문했을 때의 일이다. 누군가를 기다리고 있었는데 우연히 외부에서 걸려온 전화 내용을 듣게 되었다. 고객으로부터 걸려온 전화인 모양이다. "지금 영업사원이 모두 외근 중이어서 그 사항에 대해서 알고 있는 사람이 아무도 없습니다. 죄송합니다만 다시 한 번 전화 부탁드립니다"라고 하는 것이었다. 부동산사무실에서 신문광고를 통해 토지와 맨션을 홍보하는 중이었다고 한다. 그래서 2억짜리 맨션을 알아보고자 했던 고객이 문의전화를 걸었던 것이다. 그 순간 막대한 광고비용을 들여 홍보하는데도 고객에게서 걸려온 문의전화를 받을 사람이 없었다는 사실이 못내 아쉬웠다. 더구나 '영업사원이 언제 돌아올지 모르기 때문에' 또는 '다시 전화해주세요'라는 말만 하고 연락처를 받아놓지 않았기 때문에 상대방의 전화번호라든가 이름조차도 모르는 상태였다. 따라서 나중에 이쪽에서 다시 전화하려고 해도 어디의 누구인지 모를 수밖에 없으므로 광고비용을 그냥 날려 보내는 결과가 되고 만 것이다. 그 광경을 지켜보고 어쩌면 절호의 비즈니스 기회를 놓쳐 버린 것 같은 매우 안타깝다는 생각을 했다.

외부에서 전화가 걸려왔을 때 찾는 당사자가 없거나, 더구나 그가 어디에 있는지 모를 때는 상대방에게 큰 실례인 것이다. 따라서 어느 누구든 자리를 비울 때는 반드시 행선지와 돌아올 시간을 사무실에 알리는 것을 잊지 말아야 하겠다. 행선지 표시판이 있다면 각자 오늘의 행동 일정이나 방문처의 기재를 확인하여 서로 이야기하는 것이 좋다. 기재했다고 해서 그냥 나가버려서는 안 된다. 나가기 전에 상사에게 보고하고, 동료에게는 연락사항을 부탁하고 부재중에 문제가 발생하지 않도록 철저히 해두고 나가야 한다.

존경의 뜻을 담아 이야기한다

경어는 상대방이나 상대방의 동작 등을 존경의 뜻을 담아서 말하는 것이다. 겸양어는 자신을 낮추어 말함으로써 결과적으로 상대를 높이는 말씨이다. 공손한 말씨는 상대에 대한 존경을 나타낸다. 우리는 일상생활에서 경어와 겸양어를 혼동해서 사용하는 경우가 많다. 정확하고 바른 말씨를 익히도록 노력해야 한다. 우선 상대를 존경하는 말씨를 익히고, 자신을 겸양하는 말씨를 익히고 그것을 의식적으로 실천해 올바른 경어사용을 습관화한다.

상사에게서 업무지시를 받았을 때는 '예', '알겠습니다' 등이 표준이라고 할 수 있다. '뭐라고요?', '예에?' 등은 잘못된 것이다. 말은 내용을 전달하는 도구일 뿐만 아니라 상대방에게 그 사람의 감정이나 기분도 전달해준다. 정중한 말씨로 상대방에게 경의敬意를 표하는 것이다. 말씨도 처음과 끝을 잘 매듭 짓는 것이 중요하다. 처음의 말로 경의敬意를 나타내고, 마지막의 말로 이해했다는 것을 상대방에게 전하는 것이다.

　상사는 업무지시를 함에 있어서 단정한 태도로 정확하게 듣는 것을 기대하며, 또 지시한 일에 적극적으로 행동해 주기를 바란다. 적극적으로 해줄 것인가 하는 것이 확실한 형태로 나타나는 것이 처음과 마지막의 말이다. 그러면 처음과 마지막의 중요한 말을 상대방에게 자신의 기분을 잘 전달할 수 있도록 일상의 중요한 인사를 다시 한 번 새겨보고 연습하여 익혀두자.

- “안녕하십니까.”
- “감사합니다.”
- “말씀드리겠습니다.”
- “여쭙겠습니다.”
- “죄송합니다.”
- “예, 알겠습니다.”
- “수고하셨습니다.”
- “다녀오셨습니까, 다녀오십시오.”
- “먼저 실례하겠습니다.”
- “고맙습니다.”

　큰 소리로 연습해보면 기분도 산뜻해질 것이다. 머리로는 잘 이해하고 있더라도 실제로 해보아야 비로소 효과가 나타나는 전형적인 사례가 말씨이다. 위의 인사를 화제로 삼아 실제로 연습해보고 나중에 주위사람들에게 피드백을 받아 보는 것도 좋은 방법이라 할 수 있겠다.

바른 매너와 친절한 마음이 깃든 응대

마트나 백화점에서 물건을 살 때 판매원이 상냥하면 기분이 좋다. 또 친절한 음식점에서 식사를 하면 그만큼 기분 좋은 식사를 할 수 있다. 같은 물건을 사더라도 이왕이면 친절한 가게에서 사고 싶은 것은 모든 사람의 한결같은 생각일 것이다.

회사도 마찬가지이다. 고객은 응대하는 직원의 태도를 보고 그 회사의 이미지를 판단한다. 회사의 인상은 안내자나 응대하는 사람의 태도에서 시작된다고 해도 과언이 아니다. 고객응대의 포인트를 정리해 두고 좋은 고객응대와 좋은 고객안내가 되도록 한다. 고객이 방문하면 밝은 얼굴로 "어서 오세요"라고 인사하고 이름을 확인한 후 약속된 손님이라면 "기다리고 있었습니다"라고 반갑게 맞이한다. 담당자에게 고객이 방문한 취지를 알리고 담당자의 지시에 따라서 방문고객을 응접실로 안내한다. 경우에 따라서는 의자를 권해 앉아 있게 하는 것도 정중한 배려라고 할 수 있다. 응접실이나 회의실로 안내했다면 가능한 한 빨리 차를 대접한다. 손님을 오래 기다리지 않게 하고 기분 좋게 회의나 상담을 진행할 수 있도록 모두가 신경을 써서 성의를 갖고 응대에 임한다. 담당자가 부재중인 경우는 부재를 전하고 정중하게 사과한다. 경우에 따라서는 다른 사람이라도 상담이 가능한지 확인해보고, 그 경우에는 상사의 지시에 따른다. 상사가 좋다고 하면 "공교롭게도 과장님은 지금 부재중입니다. 괜찮으시다면 부장님께서 말씀을 듣고 싶어 하시는데 괜찮으신지요?"라고 상대방의 의중을 물어본다. 회사를 방문하는 사람 중에는 반갑지 않은 사람도 있을 것이다. 특히 세일즈맨이 많이 찾아오는데, 회사에서 필요한 것이 아니라면 거절해야 한다. 그렇다고 용건을 묻기도 전에 세일즈맨일 것이라고 지레짐작해 버리는 것은 위험하다. 미리 단정해버리고 실수를 범하는 일이 없도록 기본적인 선에서 행동한다.

고객응대의 마지막 포인트는 배웅이다. 상담이 끝났다는 것은 동시에 다음 일의 시작이 되기도 한다. 마지막 인상이 좋으면 다시 찾아오는 것이 사람의 심리인 만큼, 마지막 인상이 나쁘면 두 번 다시 찾아오고 싶지 않다. 다도茶道의 가르침에도 "찻잔을 들어 올리는 동작보다는 내려놓는 동작에 주의한다"라는 말이 있다. 동작의 끝이야말로 처음과 같이 정중하게 마무리해야 한다. 마지막 고객응대는 다음 일의 시작이므로 처음과 같은 마음가짐으로 공손하게 배웅하여 손님이 다

시 찾아오고 싶은 마음이 들도록 해야 한다.

결국, 회사의 좋은 인상은 바른 매너와 친절한 마음이 깃든 응대에서 비롯된다. 고객을 반갑게 맞이하고 상담을 성사시켜 기분 좋게 돌려보내는 것은 회사에 대한 신뢰의 이미지가 높아질 뿐만 아니라 업적향상과도 결부된다. 그러기 위해서는 모두의 협력이 있어야만 한다. 고객응대와 담당자의 친절한 행동이 균형을 이루지 못한다면 아무런 소용이 없고, 방문객에 대한 사원 전체의 태도와 자세가 통일되어야 비로소 '이 회사는 신뢰할 수 있다'는 이미지로 연결되는 것이다. 작고 하찮은 일이라고 생각하지 말고 전원이 고객응대의 기본을 알고 실천해야 한다.